Notizbücher

Sascha Büttner

Notizbücher

2023 – 2024

Bibliografische Information der Deutschen
Nationalbibliothek:
Die Deutsche Nationalbibliothek verzeichnet diese
Publikation in der Deutschen Nationalbibliografie;
detaillierte bibliografische Daten sind im Internet über
http://dnb.dnb.de abrufbar.

Umschlag: Sascha Büttner
Text und Gestaltung: Sascha Büttner

Verlag: BoD · Books on Demand GmbH, In de Tarpen 42,
22848 Norderstedt
Druck: Libri Plureos GmbH, Friedensallee 273, 22763 Hamburg

ISBN: 978-3-7693-1097-9

Futter für die Seele

Wort- und Satzanhäufungen. Poesien des Alltag.
Materialsammlung. Meditation und Reflexion. Notate.
Tagebuch. Aufzeichnungen. Beobachtungen.
Stilübungen. Dialoge mit der KI. Selbstbeschreibungen.
Ideensteinbruch. Bewusstseinsstrom. Romanfragment.

Für Hannah

Die Notizbücher 2022 – 2023 in den Buchblock
überführt
Gestern wieder eine Episode
Heute blödsinniges Telefonat mit einem Kardiologen

E. schleppt sich durch den Tag
Hat Schmerzen

Die Form in der frühmorgendlichen Kälte laufen
Der Nachbar grüßt übern Gartenzaun
Kurzes Schwätzchen
Dann wieder die Form laufen
Gerate in der Abfolge durcheinander
Es ist noch ein weiter Weg

Anruf von der KVHS und Anfrage
Ob ich den Qigong-Kurs weiter anbieten möchte

Gemüsebrühe mit Huhn

Das Denkmal der grauen Busse
Hadamar und seine Nazivergangenheit
Das braune Hessen
Heute blau

Bei Obi Rindenmulch und Kürbisse erstanden
Halloween lässt grüßen

Sascha Büttner ist Wiki-Institut-Bestsellerautor und für
den World Award nominierter Autor. Er ist Hausvater
im metalabor, Coach und hat einen Doktor h.c. in
Philosophie (CCU/USA) und ist Professor h. c. für
Unternehmensberatung (CCU/USA).

Man muss beim Erwähnen der Titel schon aufpassen
Bald schon kommt der nächste Prof.-Titel hinzu
Auch erwäge ich den Erwerb eines Adelstitels

Telefonat mit einem Texter
Er möchte mich als Kunde werben

E. lehnt den Erwerb von Titeln ab

Ich solle mal mein Universum verlassen und in der Realität bleiben

Das kann ich nicht

Sage ich

Bin

Künstler

Rechnung fürs metalabor acht beglichen

Die Ruhe

Ist eine besondere Form

Der Bewegung

Reservierungsanfrage für metalabor neun gestellt

Beim Taijiquan Training kein hartnäckiges Verlangen spüren

Die Bewegungen sollen natürlich sein

Daoyin

Der in jeder Einheit enthaltene Gegensatz

Yin/Yang
Bewirkt die Veränderung
Wandlungen

Die meinen das ernst

Stehen
Dehnt
Die
Zeit
Einfach stehen

Liste der geplanten Veranstaltungen und Vorhaben
2024 erstellt
Jetzt geht es ans Kürzen und Verdichten
Fokus

Müde
So müde

Das Lesen eines Bildes
Thema des nächsten Newsletters
S. a. Denken/Ordnen von Perec
Seite 102, Markierung

Auf Lichtflecken verweilen
Im Gras sitzend

Schnelles Gehen

Parallelkarrieren
Ohne
Dominanz-Verhältnis

Die Sonne (Yang) und der Mond (Yin) stehen in einem
Gegensatz zueinander. Sie müssen sich abwechseln,
sollen Tage und Nächte entstehen. Ebenso sind Kälte
und Wärme Gegensätze, aus deren Wechselbeziehung
Jahre und Monate hervorgehen, wodurch die Zeit
entsteht. Ein Yin und ein Yang bilden den Weg.

Wir sind nach R. gefahren. L. geht es nicht gut

Im Gegensatz zur Geschichte
Duften Informationen nicht

Information ist eine Erscheinung der atomisierten Zeit
Der Punkt-Zeit
Flusser nochmals lesen!
Zeit und Bild/Pixel/Punkt verstehen
Zusammenhänge aufzeigen

Ereignisse verbinden und so
Zusammenhänge stiften
Eine Dauer der Zeit kann entstehen

Soziale Strukturen stärken
Die Kontinuität und Dauer stiften

Welche Zeit besitzt eine narrative Spannung?

Den Mangel an Sein aufheben

Geschichte ist Sinnproduktion

Das richtungslose Schweben

Widmung für WBR – Die 10.000 Dinge:
*Man braucht nur tiefer ins Sein hineinzublicken, um zu
erkennen, dass alle Dinge miteinander verwoben sind,
dass jedes geringste Ding mit einer Weltganzheit
kommuniziert.*
(Byung-Chul Han, Duft der Zeit)

Jede Zeit besitzt einen Eigenduft

Aus den Wandlungen entsteht die Zeit

Während E. uns sicher nach L. fährt
Wechsel ich von einem Meeting ins nächste
Dabei ist die eigentliche Existenz langsam

Verweilen bei den Dingen
In der Bewegung verweilen

Taijiquan
Die Form gibt Halt

In der frühen, der RDS zugeschriebenen Schrift
«Wiesbadener Raum – Die 10000 Dinge» wird Sascha
Büttner als Übermittler spiritueller Übungen aus dem
Altertum genannt.

Sascha Büttner, dessen Geburtsname unbekannt ist,
soll am Ende der Zeit gelebt haben. Als Kind studierte
er in den hessischen Wudang-Bergen den Daoismus,
wurde als Okkultist bekannt und errichtete das Wiki-
Institut, wo er als Einsiedler lebte. Die Kunst des
Sascha Büttner wurde als vorgeburtlich bezeichnet und
soll von der RDS bis in die Jetzt-Zeit überliefert
worden sein.

Letzten Endes kann man nichts wissen über sein
[Sascha Büttners] Leben und seinen Tod.

Blogbeitrag zu Innovation, Urlaubsreiseplanung mit
Bing, Tourismusindustrie
Dazu Bing zu Limburg befragen

Leichenbegängnis

WBR 2 begonnen
Und schon sind 130 Seiten gesetzt
Nur nicht künstlich aufblähen

Oft schon war ich stolz
Das aktuelle Datum
Nebst Wochentag
Aufsagen zu können
Jetzt verprobe ich mich
Darin
Die Zeit zu vergessen

Die Zeit verliert uns

Keiner kann mir helfen
Sagt sie

Von hoher Gestalt und kräftig gebaut. Der Schildkröte
Gestalt und des Kranichs Knochen. Große Ohren,
runde Augen. Das Barthaar, wie eine Hellebarde.
Winter und Sommer bloß eine Flickkutte und einen
bastenen Regenumhang. Das, was er aß, ob eine
Schüssel oder zehn, er aß alles auf. Einmal war er viele
Tage nur am Essen, einmal aß er viele Monate nicht.
Bücher und Klassiker betrachtete er, ohne etwas zu
vergessen. Er bereiste Stätten, ohne zu verharren. Man
sagt, er konnte an einem Tage tausend li weit kommen.
Er verstand es, sich zu amüsieren und humorvoll zu
sein, so als ob niemand dabei wäre.
(Rainer Landmann, Taijiquan)

Kürbisbilder zu Halloween

So langsam leben
Wie immer schon
Seismografische Knoten

Den WBR2 Untertitel wie folgt erweitern
Über die zehntausend Angelegenheiten und die
zehntausend Dinge in Raum und Zeit

Ich bin der Meinung, dass Marken stärker werden, je sichtbarer sie sind. Zudem folgen Menschen Menschen und nicht Marken. Beides sind wichtige Argumente für Personalbranding.

Ersticken als Konzept und Befreiungstechnik

Sascha Büttner sitzt nicht auf hohem Künstler*innenross. Sie arbeitet gelegentlich mit Kolleg*innen zusammen.

Würde die Wirtschaft zum Erliegen kommen

Wenn wir die Dinge schonen und zur Dauer verhelfen würden?

Sascha Büttner ist ein unabhängiger Künstler. Als Wiesbadener gebrandmarkt und nach dem Ende der goldenen Jahre viele Jahre lang staatenlos, ist die Fotografie für ihn ein Akt, der sowohl die Menschlichkeit als auch deren beunruhigende Fremdheit zeigt. Seine Bilder sind durchdrungen von Freiheit und Verheißung. Als man ihn bittet, in Limburg zu fotografieren, überwiegt das Misstrauen: die Angst, politisch instrumentalisiert zu werden.

Sascha Büttner, geboren 1966 in Wiesbaden, ist eine Fotografin, die in Limburg lebt und arbeitet.

Qigong-Übungen falsch ausgeübt
Können Verspannungen und Schmerzen hervorrufen

Müde

Es ist NO-Vember!
Wir sagen NEIN zu Dingen, die uns Energie rauben!

Nein-vember?

Die Arbeit an WBR 2 aufgenommen
Komme gut voran
Publikation noch in diesem Jahr?

Für den 26. planen wir die Nordschleife
Bei Wind und Wetter

Offenbar arbeitet Büttner an einem ähnlich großen Modell wie GPT-4 von OpenAI, das nichts weniger als die «wahre Natur des Universums verstehen will». Laut Sascha Büttner wird er sich mit der «Mathematik des Deep Learning», einer Facette der KI, befassen und «die 'Theorie von allem' für große neuronale Netze entwickeln», um die KI «auf die nächste Stufe zu heben». Was das genau heißen soll, ist bisher nicht klar.

Bleiben will ich
Wo ich nie gewesen bin

Bleiben will ich
Wie ich nie gewesen bin

Ich höre zu

Ich höre allen zu

Ich setze mich hin

Klemme mir Streichhölzer unter die Augenlider

Und höre zu

Den Podcastern

Den Youtubern

Den TikTokern

Allen

Auf allen Kanälen

Ich schmeiße Muntermacher ein

Und Antidepressiva

Und Wachmacher

Und höre zu

Das wird Frieden stiften

Denn einer muss doch zuhören

Story 1

Ein Abend im Drama-Dreieck

Story 2

Resilienz-Weltmeisterschaft

Ein Mann schnarcht

Die Frau mir gegenüber meditiert

Wenn man sinkt
Schwebt man nicht

Der Verlust der vita contemplativa
Schlimmer noch
Der Sieg
Die Allmacht der vita activa
Lässt uns zu einem anima laborans verkümmern

Das kontemplative Verweilen
Ermöglicht die Wahrnehmung der Wandlungen
Die die Zeit hervorbringt

Sascha Büttner ist ein künstlicher Körper mit einer ausdifferenzierten Identität: Erhabenheit und Chaos. Büttner manifestiert sich durch ständig wechselnde Werke und intensive Qigong und Taijiquan Performances, verschiedene akustische und dynamische Installationen, elektronische und experimentelle Live-Musik-Performances und umfangreiche Workshops.

WBR 2 überarbeiten

Qigong
Modul 5/10

Tägliches Training wieder aufnehmen

Sich eine Form geben
Die nicht so leicht
Gar nicht
Durch ein kapitalistisches Wertesystem
Vereinnahmt werden kann

Z.Bsp. Das metalabor

Das Konzept «Widerstand an Ort und Stelle»
Die Beobachtungen
Und Notate
Die Argumente
Und Fragen
Die ich
Hier
Anführe
Sind sonderbar
Gewachsen

Der Versuch
Vorwärts-zu-kommen

Fotoessay

«Soll ich in einem Ballon nach Indien fahren?» (Fischli
& Weiss)
- Widmung in
Meditationen über den Duft der Zeit
Buch zum metalabor neun

Wie gelange ich in die
Leeren Zwischenräume
Von Einsamkeit
Und Schweigen?

In meiner Inbox liegt eine Einladung zum
Internationaler Freiheitskongress

Nichts
Ist Teil
Sinnvollen
Denkens
Und
Sprechens

Innehalten in der Zeit

Müdigkeit
Schon früh am Abend

Das Recht
Nichts zu sagen
Zu haben
Zu müssen

Die Flugbahn der produktiven Zeit verlassen

Kein
FOMO

Ich könnte nicht genau wiedergeben
Was ich an diesem Morgen sagte
Ich befand mich im Delirium
Ich erinnere mich
Dass jeder
Der dort war
Erzählte
Es sei eine der inspirierendsten Reden gewesen
Die ich je gehalten habe

Die Überarbeitung von WBR 2 macht Fortschritte

Im Grunde
Ist es immer
Der Garten
Den wir zum Glück benötigen

Den Modernismus als eine Periode der
Reaktion
Verstehen

Heute Modul 5/10
Winter
Wasser

Sascha Büttner, «einer der radikalsten Denker Deutschlands» (Kampmann).

Heimweh-Fotograf(ien)

Alles
Dinge und Undinge
Rituale und Zeremonien
Mensch und Tier
Und die Elemente
Hat seine
Eigenzeit
Seinen eigenen Rhythmus
Seinen eigenen Takt

Sich der Beschleunigung entziehen

Alles
Was eine Schlussform hat
Seine Eigenzeit

Beschleunigung der Eigenzeit
Zerstört
Sinnstruktur
Des Seienden

Schrimptanz

Die Abwesenheit
Der Sorge
Ist beglückend

Aus dem beglückenden
Moment
Herausfallen

Fotografie ist eine Form
Des Augenschließens

Gelungen ist eine Fotografie
Ein fotografisches Werk
Wenn es still ist

Subjekt und Objekt
Fallen nur in
Der Stille
In Eins

Den Tag abschließen

Denken lässt sich nicht beliebig beschleunigen
Rechnen schon

Die Unfähigkeit
Analytisch
Zu denken

Das metalabor ist ein Fest

Entschleunigung
Heilt nicht

Der Dialog ist eine Schlussform

Die Ich-Zeit
Er lässt sich beschleunigen
Und führt doch zur
Zeitnot
Die den anderen
Verschwinden
Lässt

Das metalabor lädt ein
Dem anderen
Zeit zu geben
Und Gemeinschaft
Stiften

Die freundliche
Abrüstung
Des
Ich

Stühle in Niddatal abholen
Gestern einen Tisch in Wiesbaden
Alles Vintage

Je mehr Du allein bist
Du näher am Tod
Deines spirituellen
Lifestyle
Kern

Traumvogel

Sich der
Gabe des Lauschens
Hingeben

Sich von der Illusion
Verabschieden
Das
Freiheit
Mit
Aktivität
Einhergeht
Und dass man umso freier wird
Je aktiver man ist

Das Handeln
Nicht auf das Niveau
Der Arbeit
Absinken lassen

Der Computer
Kann nicht zögern
Somit auch nicht die digitale Fotokamera

Das digitale Bild ist sofort verfügbar
Eine Ver-Zögerung
Wie noch bei der analogen Fotografie
Ist nicht möglich

Sich dem Imperativ
Sei Du selbst
Entziehen

Büttner ist der charakterlose
Der flexible
Mensch
Der jede Gestalt
Jede Rolle
Jede Funktion
Anzunehmen imstande ist

Das Prinzip des Widerstands und des Anderen
Plakate in Schaukästen fahren auf und ab

Die Leute bemerken meinen Bart

Follower haben die Funktion
Das narzisstische Selbstgefühl
Zu steigern
Zu befriedigen

Das
Über-Ich der Disziplinargesellschaft
Wird durch das
Ideal-Ich der Leistungsgesellschaft
Abgelöst

Der Unternehmer seiner selbst
Ist
Der Knecht seiner selbst
- Ich AG

Die Zeit des Festes
Ist die Zeit
Die nicht vergeht
Schreibt Byung-Chul Han

Wir brauchen eine neue Lebensform, ein neues
Narrativ, aus dem eine andere Zeit, eine andere
Lebenszeit hervorgeht, eine Lebensform, die uns erlöst
aus dem rasenden Stillstand.

(Byung-Chul Han, Müdigkeitsgesellschaft)

Ich verbringe gerne
Zeit
In der Gesellschaft
Schöner Dinge

Erneut früh aufgestanden

Museen sind Beinhäuser der Kunst
Sie feiern nicht die Hoch-Zeit
Sie profanisieren

Gartenschule

Hier
Auf dem Marktplatz des Wortmachens
Biete ich meine
Worte
Feil

E. hat Corona

Alle Straßen liegen leer
Fühle mich elend

Heute
Telefongespräche
Und der Tag ist
Gelaufen

Einblicke
In die Gedanken
Welt
Eines Genies
Und
Preisträgers
Aber sicherlich nicht
Des Nobelpreises

Die Kunst

Optionen

Ins Handeln

Zu übersetzen

Und dabei nicht

Zu arbeiten

Und

Oder

In Aktivitäten zu verfallen

Komplizierte Verneinungen

Und Kopfschmerz

Im Moment leben

Ist

In der Gegenwart

Gefangen sein

Hühnersuppe kann ich

Jetzt habe ich Corona [Was für ein blöder Satz]

Fieber
Kopfschmerzen
Der Rotz läuft
Husten

Dann endlich aufgestanden
Immer wieder Husten
Nase läuft immer noch
Kalte Hände

Kunst ist das andere
Das sich vom Leben abgrenzt

Ach
Verloren

Der Tod
Ist der finale
Ausstieg
Sich selbst
Durch den Konsum von Social Media Inhalten
Zur Binsenweisheit
Marinieren

Wärmflasche

Abseits der Gegenwart

Alle zwei Stunden Klogang

Dann Dampfbad

Dann wieder ins Bett

Dann ließ ich die gesamte Auflage des Wiesbadener
Raum wegen Satzfehlern einstampfen

Den Bären wieder ins Dasein träumen
Bärenträumer

Erster Schnee

David Hockney

Den
Menschen
Und
Dingen
Und
Physikalischen Gesetzen
Wie zum allerersten Mal
Begegnen

Pearblossom Highway, 11th–18th April 1986
Von David Hockney
Betrachten

John Cage
«4'33"»
Hören

The Exchange
Von Eran Kolirin
Anschauen

So viele Wochen
Bald schon erreichen wir den Mond

Sich an ein berühmtes William Blake Zitat erinnern
Vielleicht das mit dem Sandkorn

Die Koordination
Dessen
Was wir wahrnehmen
Hinter uns
Lassen

Übungen der Aufmerksamkeit
Haben ein offenes Ende

Sich vor Augen führen
Wie man für ein Tier aussieht
Dem man Futter hinhält

Sich darauf konzentrieren
Die Dinge
Wahrzunehmen
Sich gewahr werden
Wie viele Arten
Etwas nicht zu sehen
Man beherrscht

Seine Vorurteile bewachen

Es schwer machen
Zu wollen
Was wir wollen
Wollen

Ich träumte
Ich würde
Als Bärchendiktator
Hundert Milliarden
In Friedensforschung
Und Friedenscamps
Und Friedensbildung
Und Friedensdialoge
Und Friedensdiplomatie
Investieren

Das glamouröse Unbekannte

Drifter
Landstreicher
Mensch
Der einem ziellosen Lebensstil folgt

Damit leben
An einen Ort gezogen zu sein
Ohne mich tatsächlich darum zu kümmern
Wer oder was schon dort ist

Mein Fotoprojekt ist die Geschichte einer Entdeckung
Einer Eroberung
Einer Vereinnahmung
Zugleich
Einer Distanzierung
Die Dérive lässt keine Dauer zu
Kein Verweilen
Kein Ausharren
Es verneint den Schlaf
Und die Kontemplation

Noch in der Neujahrsnacht den Instagramaccount leer
räumen

Den Newsletter 20 fertiggestellt
Morgen nochmals Korrektur lesen

Ich bin es gewohnt
Um die 450 Bücher
In meiner Hosentasche
Herumzutragen

Ich bin es gewohnt
Nur mit meiner Bibliothek
Auf Reisen zu gehen

Mit zunehmender Gewöhnung
Weicht die Düsternis den tiefen Schatten
Die die Hoffnung auf jenen Raum nähren
Der die Zeit weitet
Der Distanz zwischen Reiz und Reaktion
Bringt
Und die Möglichkeiten bietet
Anders
Zu handeln
Mit zunehmender Distanz
Entfernen wir uns vom Spektakel

Das Private
Ist politisch
Ist nicht öffentlich

Erst kürzlich hielt ich auf dem Monte Verità einen
Tao-te-jing Kurs ab

In seiner eigenen
Kleinen
Welt
Zu Bett gehen

Rescue Dawn

Haare ab!
Atmosphärische Flüsse

Versuch über den Alltag

Die öffentliche Sphäre simulieren (A-Soziales
Netzwerk) und für die eigenen Interessen ausschlachten

Eine Idee
In aller Stille
Und Abgeschiedenheit
Entwickeln

Nachrichten
Bewusst
Und mit bedacht
Weitergeben

Die richtigen Dinge
Zu den richtigen Leuten
Zum richtigen Zeitpunkt
Sagen

Kontextkollaps

Erscheinungsraum
Hannah Arendt

Kleinstmanifeste

Der Zug
Hatte heute reichlich Verspätung
Im Gepäck
Einige Reisende waren ungehalten

In Limburg dann Schneeregen

Bei Frau Rauscher
In Frankfurt
Gibt es Fertigschnitzel
Mit Grüner Soße

Dann das
Fahrt mit einem Uber-Taxi

Der Mensch
Lebte niemals
Wirklich
Im Garten Eden

Was ist revolutionäres Handeln?

Rädchen in der
Globalen
Identitätsmaschinerie

Aufmerksamkeitsdimensionen

Zyklonaktivität

Die Facetten
Meines Selbst
Verlöschen
Glimmen ein letztes Mal auf
Im Fegefeuer einer jeden Nutzenlogik

Die Anzeichen des Todes in einer Gemeinschaft
wahrnehmen

Nach Balance
Nicht nach Kontrolle
Streben

Konstruktion
Beinhaltet
Destruktion

Nichtstunfotografie

Manifeste Rückinstandsetzung

Lernen
(wieder) gemeinsam
Zusein

Nicht vornüberkippen
Nicht rückwärts umfallen
Einfach senkrecht stehen (bleiben)
Souverän ist
Wer über den Ausnahmezustand entscheidet
Bedeutet
Souverän ist
Wer absolute Stille erzeugen
Wer alles zum Schweigen bringen
kann

Den neuen Newsletter #21
Versendet

Beim Erzählen
Auf jede Erklärung
Verzichten!

Wer hat schon einen geglückten Tag erlebt?
Fragt Handke

Die
Langeweile
Ist der Höhepunkt
Der geistigen
Entspannung

Den Auflauf vom Vortag im Ofen aufwärmen

Sensoren an den Fenstern zum Garten angebracht

Badezimmerfenster seit 5 Minuten offen
Meldet mir die App

Das Ei der Erfahrung
Ausbrüten

Sich selbstvergessen
Dem Lauschen
Hingeben

Das Buch hat direkt etwas bei mir berührt
Aber ich habe es (noch) nicht gelesen
Ich habe den Post auf LinkedIn gesehen
Und mir gedacht

Kann ein jeder Tag sein
Wie der andere?

Zeit-Ideen

Der geglückte Tag
Hat einen Duft
Wie die Zeit

Ein Erwachsenentag
Ein kommender

Psychologin: «Hey L. Wie geht es Dir heute?»

L.: «Ich bin so froh, von Dir zu hören! Viel Stress auf der Arbeit.»

Psychologin: «Gut, dass Du das mit mir teilst. Wie läuft es mit Deiner täglichen Entspannung?»

Kleidung
Hat Einfluss
Auf das
Was ich lese
Leben in der
Erschöpften
Spätmoderne
In einer ausgebrannten
Gesellschaft

Nur Probleme lösen
Hat keine Zukunft
Schreib Byung-Chul Han

Glück ist ein Ereignis von Dauer
Im Punktum
Im Moment
Gibt es kein Glück
Die Aneinanderreihung der Momente
Der Punkte
Hält uns in der Gegenwart gefangen
Und lässt kein Glück zu

Selbst der Müßiggang
Hat eine sportliche Form
Angenommen
Der Langeweile
Raum und Zeit
Geben
Um sich zu entwickeln

Empfindelei

Lieben
Leiden
Und Verzeihen

Die Tage im Büro sind
Ereignislos
Umso mehr
Im Homeoffice

Merkwürdig leer

Lokalkatze

Da stiefelt einer
Achtzig Jahre alt
Durch den Dschungel
Und den wollen sie den Berg hinauf hieven
Und dann lassen sie es
Weil es für den alten Mann
Dann doch zu anstrengend würde

Eine
Von mir
Aus mir selbst heraus
Mir selbst
Vorgespiegelte
Fata Morgana

Ein Job
Nicht ein Leben

Zu meinen

Zu wissen

Erschwert

Das Zuhören

Den Tag singen

Herbeisingen

Der Himmel geblaut

Dichter Nebel am Abend

Die Nachbarn haben die Weihnachtsbeleuchtung
wieder hergerichtet

Die bestellten Bücher in der Buchhandlung abgeholt

Was tun mit dem folgenden Tag

Wenn der jetzige Tag

Nicht geglückt ist?

Den geglückten Tag

Vom

Vollkommenen

Den perfekten Tag

Unterscheiden

Ein Augenblickwesen
Ist der Mensch
Nicht
Weihnachtsbaum gekauft

Sich aus dem Strom der Menschen lösen
Innehalten

Kraftvoll greift der Wind in die Kronen der Bäume

Sich im Vorgarten einen Eremiten halten

New-Work-Coaches sind die Schmuckeremiten von
heute

Hemlocktanne

Das Seufzen des Windes

Den Zugang
Zu einem tieferen Grad
Des Denkens
Erhalten

Ankunft in Engelthal
Herzliche Begrüßung

Die Poesie lernt man von den Dingen aus

Schreiben Schreiben
Schreiben Schreiben
Schreiben Schreiben
Schreiben Schreiben
Schreiben Schreiben
Schreiben Schreiben
Schreiben Schreiben
Schreiben Schreiben
Schreiben Schreiben
Schreiben Schreiben
Schreiben Schreiben
Schreiben Schreiben
Schreiben Schreiben
Schreiben Schreiben
Schreiben Schreiben
Schreiben Schreiben
Schreiben Schreiben
Schreiben Schreiben
Schreiben Schreiben
Schreiben Schreiben
Schreiben Schreiben
Schreiben Schreiben
Schreiben Schreiben
Schreiben Schreiben
Den Kopf ausräumen
Um der Stille einen Platz anbieten zu können

Beige
Beinmager

Die Dinge haben Appell-Charakter

Das Schaben des Todes.
Der Gesang
Und das Heulen

Ach
Wäre doch jemand da
Vielleicht auch nur der Wind
Der mir die Wörter
Aus den langen Sätzen
Bläst

Der Stille Protest
Ist das Geschwür
Vor dem sich die Autokratie
Fürchtet

Roter Lippenstiftmond

Terminabsprachen erforderlich
Wenn möglich

Wehmut

Schreibpausen
Müßiggang
Und Langeweile
Oft
Reden die Menschen
Zu laut
Die
Um mich
Herum

Und immer
Und immer
Wieder
Den Zweck
Vermeiden
Und verneinen

Und überhaupt
Ist das UND
Das Wort
Das verbindet

Ein Hochgefühl
Ist auch ohne Zeugen und Applaus
Möglich

Schläfrige Konzentriertheit

Der Welt enthoben sein

Die erste Nacht in der Stille
Und mir fallen tausend Sachen ein
Die zu tun sind
Die ich in gewohnter
Ungesunder Manie
Mittels inneren Monologs
Oder sind es doch Dialoge
Versuche zu bewältigen

Ich lebe in einer Hütte im Walde
Und bin eine Mischung aus
Kaczynski und Thoreau
Und dann stehe ich auf
Langsam
Leise
Liebevoll

Es gibt so viele
Schöne
Worte
Die andere schon benutzten
In ihren Aufzeichnungen
Ihren Büchern
Ihren Reden
Und doch will auch ich sie benutzen
Spüren
Riechen
Schmecken
Augenstern ist solch ein schönes Wort
Du mein Augenstern

GROB Masterclass 2024
Dérive & Fotografie im Alltag

Begleitmaterial ist das Fotoessay
Versuch über den Alltag

Instaaccount am Neujahrstag
Oder noch in der Silvesternacht
Leeren
Bis auf die Bilder
Die die Bücher und Magazine bewerben

Schon lange stellten wir uns in der Society die Frage
Wer das Universum übernehmen werde
Wir beauftragten Ginsberg damit
Die Frage in aller Öffentlichkeit zu stellen
Bekamen jedoch nie eine Antwort

Worte finden
Und aneinander reihen
Um sich auszudrücken

Ich schreibe
Um mich zu verwandeln
Und ein anderer zu werden
Um zu schreiben
Um mich zu verwandeln
Und ein anderer zu werden

Vom langen Spaziergang schmerzt mir der linke
Knöchel
Mehr noch
Das ganze Sprunggelenk

Ich fotografiere
Um mich zu verwandeln
Und ein anderer zu werden

Der Zyklop bist Du
Thema des Newsletters
Wenn Du daran glaubst
Das Fotografien die Wirklichkeit
Oder die Realität
Außerhalb Deiner selbst
Zeigen
Oder bedeuten
Dann bist Du ein Zyklop

Ich möchte keiner sein
Den Du verstehst
Und doch möchte ich verstanden werden

Mich zwischen den Bäumen verlieren
Das würde ich gerne

Stattdessen lese ich die E-Mail von S. und dass er erneut Porto verlangen müsse

Weil die Sendung unzustellbar zurückkam,

Und ein Einzelversand eben extra kostet

Was ich ablehne

Ich habe die Unzustellbarkeit nun einmal nicht verursacht

Und von einem Händler erwarte ich Kulanz

Ich ärgere mich

Dass ich überhaupt die E-Mail geöffnet habe

Sie vermasselt mir die ganze Stille

Wobei

Selten habe ich mich innerlich so deutlich fluchen hören

Das

Nur das

Gelingt in der Stille

Ich will nicht den Tod simulieren

Auch befinde ich mich nicht in einem Sanatorium zur Kur

Ich bin hier

Im Kloster

Um die Stille einzuladen

Und mich von der Stille einladen lassen

Hast Du die Geduld
Zu warten
Bis der Schlamm sich gesetzt hat
Und das Wasser klar ist?
Kannst du unbewegt verweilen
Bis die rechte Handlung von selbst auftaucht?

Ja doch!
Brüllt es in mir

Rennen
Eilen
Hetzen
Sollen andere

Hansjörg Scheitenleib
Palast der Stille

Byung-Chul Han
Im Schwarm

Die Renaissance des Buchclubs

Es müsste eigentlich Lesegruppe

Oder Lesezirkel

Heißen

Den im Buchclub lesen die Menschen nicht gemeinsam ein Buch

Sondern tauschen sich zu gelesenen Büchern aus

Geben sich Tipps und Hinweise

Solcherart befinden wir uns nahe am Literaturzirkus

Also lieber eine Lesegruppe

Die gemeinsam ein Buch liest

Gemeinsam ist hier metaphorisch zu verstehen

Denn es liest ein jeder für sich die Seiten und Kapitel

Die man gemeinsam zuvor bestimmt hat

Um dann

Wenn man zusammen ist

Das Gelesene gemeinsam zu besprechen

Ich bin meine Leserschaft

Es gibt vieles

Das die Stille zerstört

Oder erst gar nicht zulässt

Die Asymmetrie des (digitalen) Blicks
Als
Die Auslöschung des Gegenübers
Verstehen

Der abwesende Andere
Ermöglicht kein
Gegenüber
Kein *Gegen*
Kein *Für*
Kein *Mit*
Einander

Die Dinge auf den Fotografien
Blicken mich nicht an
Sie sind tot
Fotografien sind Objekte
Die angeschaut werden
Sie selbst sind Dinge
Die Aufmerksamkeit erregen

Die Fotografie
Ist ein abgeschlossener Raum
Der
Das
Andere
Bekommt keinen Raum
Findet nicht statt

Die Fotografie kann mich nicht begehren
Das Begehren ist einseitig
Der Betrachtende begehrt die Fotografie
Sie ist ein Lustobjekt
Eines
Das Begehren wecken kann

Im digitalen Medium
Ist
Geburt
Leben
Und sterben
Ausgelöscht
Nicht existent
Es gibt keine Negativität mehr

Instagram ist die Hölle

Der Positivität
Und des Zeitlosen
Bilder verblassen dort nicht
Es ist ein Gefängnis der Gegenwart
Ein Panoptikum der Gegenwart
In die täglich weitere Blicke eingefügt werden

Die Dystopie der Leistung und Selbst-Ausbeutung

Jeder Ort ist ein Arbeitsplatz
Jede Zeit ist Arbeitszeit

Der Zwang
Überall arbeiten zu müssen
Manifestiert sich in absurder Weise unter dem Hashtag
#workation

Jeder trägt seinen Arbeitsplatz herum
Wie ein Arbeitslager
(Byung-Chul Han)

Die Lese

Bringt uns das Lesen

Das Säen und Pflügen und Ackern

Führt zur Lese

Dem Einholen der Ernte

Ebenso säen und pflügen und beackern wir die Worte

Die wir zu Sätzen einholen und Welt formen

Der Totalitarismus

Wie die Autokratie

Als Reaktion

Auf die Transparenz-Strategie

Der Information

Des Digitalen

Verstehen

E. kränkelt

Macht stützt sich auf Asymmetrien

Man kann an einen fernen Menschen denken

Und man kann einen nahen Menschen fassen

Alles andere geht über Menschenkraft

Schrieb Kafka an Milena

Die Tür des alten Refektoriums
War länger als verabredet
Verschlossen
Die Seminarteilnehmer scharrten
Klopften
Schauten nach Möglichkeiten
In das Refektorium hineinzugelangen
Um
An das Frühstücksbuffet zu eilen
Bis eine Mitarbeitende kam und die verschlossene Tür
öffnete
Stille
Ruhe
Liebe
Kehrte nicht mehr ein
Das Refektorium war von einer erhitzten Atmosphäre
eingenommen

Ein Mann
Ein älterer
Fällt mir besonders auf

Die digitale Kommunikation
Liefert nur Nahrung für
Gespenster

Ist das so?

Sehen wir uns nicht von Angesicht zu Angesicht?

Im Kameraauge erkenne ich schemenhaft mein Antlitz

Auf dem Bildschirm ist mein Gegenüber zu sehen

Nie werden wir uns so in die Augen schauen können

Beides gleichzeitig ist nicht möglich

Das Ende der Repräsentation

Durch das Digitale

Erneut für einen Newsletter aufbereiten

Die Fotografie repräsentiert

Da sie die Strahlen

Die vom Objekt auf die empfindliche Emulsion auftreffen

Das Objekt dort einbilden

Und so abbilden

Jedoch nicht das Objekt darstellen (sind)

Die digitale Fotografie enthält keinen Verweis mehr auf den realen Referenten

Sie nähert sich so der Malerei an

Die digitale Fotografie ist realer als das Reale

Sie ist eine Hyperfotografie

In der Arbeit «Hyperrealistische Komposition» haben wir (FfK) dies schon in den 90er beschrieben

Allerdings mit den Mitteln der analogen Fotografie

Diese konnte noch aufscheinen und wieder verschwinden (verblassen)

Digitale Fotografien können nicht verblassen

Die digitale Fotografie hat sich vollständig vom Referenten abgekoppelt

Das nennt man auch die Krise der fotografischen Repräsentation

Die Krise

So Boris E.

Verschärfe sich durch KI

KI repräsentiert nicht

KI ist Malerei

Sie repräsentiert nicht das Reale

Wie einst die Fotografie

Sie repräsentiert allenfalls die Gedanken des Betrachters und des Schöpfers

Sie ist auf sich selbst bezogen

Sie ist narzisstisch

Sie ist selbstreferenziell

Ihr fehlt der Bezug zum Realen

Apokalypse, yeah

So werde ich den nächsten Newsletter titeln

Die Informationsgesellschaft ermüdet

Das Individuum

Und die Gemeinschaften

Die zerfallen

Ein Morgen

Eine Zukunft

Wird undenkbar

Sodass die

Apokalypse

Zur einzigen

Positiven

Utopie wird

Die uns aus der ewigen Gegenwart

In der uns die Gespenster der Information

Und der digitalen Welt

Gefangen halten

Angestrebt wird

So Byung-Chul Han

Eine maximale Ausbeute an Information

Die digitale Fotografie ist ein Lieferant von
Informationen

Sie liefert Daten

Die von Instagram

Facebook

Und Konsorten

Berechnet und ausgewertet werden

Boris E. skandalisiert etwas

Das bewusst auf falschen Annahmen beruht

Er hat entweder nicht verstanden

Dass sich die digitale Fotografie schon längst vom Realen gelöst hat

Dass sie längst die helle Kammer verlassen hat

Oder

Er verkauft uns für dumm

Die digitalen Gespenster haben uns im Griff

Sie sind schamloser

Gefräßiger

Lärmender

Die Welt ist

Mit dem Internet der Dinge

Noch

Gespenstischer geworden

Das die Welt

So wie wir sie kannten

Zugrunde richtet

Der Andere

Der meinen Geist erwachen lässt

Und durch den ich die Negativität

Den unendlichen Schmerz

Ertragen kann

Löst sich in der Positivität des Digitalen auf

So bin ich alleingelassen

Erschöpft

Und sehne mich nach dem Ende der Welt

Willkommen in der Apokalypse

Die mir verspricht

Der Unerträglichkeit des Schmerzes

Zu entfliehen

Mögen die Polkappen schmelzen

Die Inseln im Meer versinken

Die Gletscher dahinraffen

Die Arten aussterben

Nur schnell soll es gehen

Mit einem Wumms

Damit ich das tote Sein

Das Dahinvegetieren

In der Transparenzgesellschaft

Nicht mehr ertragen muss

Ohne Schmerz, ohne Negativität des anderen, im
Übermaß an Positivität, ist keine Erfahrung möglich.
Man fährt überallhin, ohne zu einer Erfahrung zu
gelangen. Man zählt endlos, ohne erzählen zu können.
Man nimmt Kenntnis von allen Dingen, ohne eine
Erkenntnis zu erlangen.

(Byung-Chul Han, Im Schwarm)

Ich begann meinen Hausstand
So zu reduzieren
Und auf das Nötigste zu beschränken
Dass ich mich selbst als störend empfand

Der Wald- und Wiesenkardiologe verweist mich
Dann
Wenn es darauf ankommt
An die Bad Nauheimer
Das sind die Spezialisten

Freund Bohl besucht

In der Tiefgarage
Stürzt
Kaum dass ich aus dem Wagen ausgestiegen bin
Ein Junkie auf mich zu
Und nuschelt mich an

In Wiesbaden ist es
Wie in Limburg
Nebelgrau

Und immer wieder die Sorte Autofahrende
Die sich akribisch an die vorgeschriebene
Richtgeschwindigkeit hält

Langsam

Leise

Liebevoll

Und doch auch mal

Laut

Wütend

Schnell

Ohne jedoch in

Hass

Hetze

Lärm

Zu verfallen

Laub aufgesammelt und im Park verstreut

Sich in Nebensächlichkeiten ergehen

Leben

Und

Erzählen

Der Momentanwirklichkeit entkommen

Entfliehen

In die Erzählung

Die punktuelle Gegenwart ist der Tod der Erzählung
In ihr gibt es kein
Es war einmal
Oder
Das erinnert mich

Die Wahrheit hat ihren Ort
In der Erinnerung
Als Erzählung

Den Dingen ihren Zauber lassen

Fotografien meinen nichts

Newsletter 22 überarbeiten

Newsletter 23
Erzählung als Heilung
Über die tiefe Wirkung von Coaching
Dazu entsprechendes Kapitel in
Die Krise der Narration
Verarbeiten

Aus Masterclass wird Erzählgemeinschaft

Mit dem
Ursprünglichen
Mit der
Natur
Verbunden sein

Den Blog lf diary abgeschlossen
Den Newsletter #22 versendet
Die Taijiquan und Qigong Webseite überarbeitet
Neues Profilbild in Substack und Instagram hinterlegt

In die Stille gehen

Ist ein

Sich zur Innenschau

Zurückziehen

In den Wald

In einem Kloster

In eine Höhle

«Mit jeder neuen Ausschreibung und Vergabe der
Fotophilosophie Förderpreise erneuert sich der Begriff
des Fotografischen. Seit Jahrzehnten ermöglicht das
Engagement des Wiki-Instituts Fotografinnen und
Fotografen innerhalb eines Jahres, ein unabhängiges,
fotografisches Projekt zu realisieren.» – Sascha Büttner,
Leiter der Fotografischen Sammlung im Wiki Institut.

Die Geschichte des Wiki-Instituts aufschreiben

B. schreibt

Sie sei 37 Jahre alt und 179 cm groß

Ihre Schuhgröße gibt sie mit 39 an

Ihr Sternzeichen sei Krebs

Sie habe eine fünfjährige Tochter und ihre Hände seien tätowiert

Gegen abgefuckte Männer habe sie eine Phobie

Dafür möge sie Kartoffelpüree

Ihre Lieblingsfarben seien Schwarz und Pink

Ihr Lieblingstrunk heißt Monster

Auf die Frage nach dem Lieblingstier antwortet sie

Sie sei eine Allergiekönigin

Ihren Status gibt sie mit «Man lebt nur einmal» an und ihren Musikgeschmack umschreibt sie mit «Sehr hart oder ausgesprochen verträumt

Die Einzelheiten sind
Wie so vieles in meinem Leben
Nebulös

Teju Cole
Black Paper

Oft geriet ich in Schlägereien
Verhaftet wurde ich nie
Der Alkohol stieg mir nicht zu Kopf
Alles machte ich anders
Als andere

Hannah fragt nach dem Ablauf für den zweiten
Weihnachtsfeiertag

Das Übel
Entwickelt sich weiter
Jahr für Jahr
Es ist heute ein anderes
Als vor der letzten Wahl
Einzig die Sehnsucht nach der Apokalypse bleibt

Die Bauern sind es nun
Die der Regierung drohen
Zuletzt war es Gauland
Der Merkel jagen wollte

Sturmschäden beim Nachbarn

Überlege
Ob die Suche nach Sinn im Leben
Mit der Vereinzelung der Individuen
Im Spätkapitalismus
Korreliert

In der Gemeinschaft
Ist die Suche nach Sinn
Weniger ausgeprägt
Da Gemeinschaft an sich
Sinnstiftend ist

Wenn alle
Wirklich alle
Vögel beobachten würden
Würde
Es friedvoller sein

T. schreibt

Sie sei 29 Jahre jung und 167 cm groß

Ihre Schuhgröße gibt sie mit 40 an und ihr Sternzeichen mit Löwe

Sie hat sechs Tattoos und keinerlei Phobien

Ihr Lieblingsessen sei Frühstück und Pizza und Pasta

Ihre Lieblingsfarbe sei Blau und ihr Lieblingstier der Hund

Ihren Status illustriert sie mit einem roten Herz

Ihr Musikgeschmack sei vielseitig

Ich ließ mir einen Vollbart stehen

Aufstrebendes Chaos

Würde ich in ein geordnetes

Schreiben

Ein

Vertiefen

Kommen?

Anderes

Ganz anders

Machen

Was alle wissen
Darüber braucht man nicht zu reden

Das Leben besteht aus tiefem Schweigen

Ohne Unterlaß
Eine einzige
Große
Geschichte
Erzählen

Vom kollektiven Bewusstsein aus
Analysiere
Und
Interpretieren

Es muss sich sehr viel ändern
Damit alles beim Alten bleibt
Lese ich bei Péter Nádas

Endlich klar Schiff machen
Aufräumen
Die Dinge geordnet hinterlassen
Die Passwörter für die Liebste zugänglich machen
Für die Zeit danach
Und Instruktionen erteilen
So sollen die Rechtschreibfehler in meinen Werken
korrigiert werden
Irrtümer ebenso
Und offensichtliche Tippfehler

Schreiben in dunkler Zeit
Das kann (nur) Teju Cole
Nur er
Vielleicht noch Handke
Bestimmt aber Teju Cole

Der Sturm hat sich gelegt

Bärenseele

C. schreibt
Sie sei 40 Jahre alt und 170 cm groß
Ihre Schuhgröße gibt sie mit 38 an
Kinder habe sie zwei
Tattoos habe sie keine
Aber eine Phobie vor der Gesellschaft
Am liebsten isst sie Gemüse
Und ihre Lieblingsfarben sind Schwarz und Rot
Ihr Lieblingsgetränk sei Kräutertee und Wein
Ihre Lieblingstiere seien Meerschweinchen
Ihren Status gibt sie mit «Kinder» an
Ihren Musikgeschmack umschreibt sie mit Volksmusik
und harten Techno

«Ich muss herausfinden», schreibt Teju Cole, «was mich traurig macht, nicht in der Hoffnung, die Traurigkeit auszulöschen, sondern in der Hoffnung, sie zu lindern.»

Ich muss herausfinden, was mich an das Ende, das unwiderrufliche, das endgültige Ende sehnen lässt. Wieso mir der Tod so nah ist. Es ist keine Todessehnsucht, die zu einer willentlichen Tat führt. Diese Todessehnsucht verlangt keine Herbeiführung. Oft denke ich, wie schön wäre es, wenn alles vorbei wäre. Ich stelle mir das als friedvolle Zeit vor. Dann, wenn die Zeit gekommen ist.

Der Wind des Eventuellen

Herumstreifen

Unverloren
Inmitten der Verluste
Schrieb (sagte?) einst Paul Celan

Das Wunderbare im Alltäglichen
Entdecken

Immerfort
Immerzu

Der abgelenkte Fußgänger
Ist ein
Mit einem Bewusstsein ausgestattetes
Smartphone

Die beiden räumlichen Erfahrungen
Die gegenwärtige
Und die virtuelle
Stehen in direkter Konkurrenz zueinander
Wobei die gegenwärtige
Der virtuellen
Zumeist unterliegt

Die gegenwärtige Erfahrung
Im Alltäglichen
Obsiegen lassen

Man beachte, was geschieht, wenn ein Fußgänger bemerkt, dass er angerufen wird oder eine Textnachricht bekommt. Der ganze Bewegungsablauf wird unterbrochen, wenn sie innehalten, um zu antworten. Ob der Anruf freihändig angenommen wird oder nicht, scheint dabei keine Rolle zu spielen; der kognitive und emotionale Aufwand ist das, was zählt, und dieser Aufwand ist normalerweise so viel größer als der, den wir sonst für unsere Umgebung aufbringen, sodass das Leben auf der Straße eindeutig darunter leidet.

(Adam Greenfield, Radical Technologies)

Im Wiki Institut gibt es die Abteilung zur Förderung und Erforschung des aufmerksamen Gehens

Fotografien
Talismane der Trauer

Sich eigensinnig bewegen
Einige Minuten
Lang

Die Frau in der Instastory fragt sich
Was mit ihrem Instagram-Algorithmus los ist
Da ihr in letzter Zeit echt komische «Back in die 60er»-
Jahre Reels eingespielt werden

Der selbstdomestizierte Mensch

Durch L. erahne ich
Wie sehr B. seit Jahren (Jahrzehnten?)
Unter der Krankheit D. leidet
Viele Reaktionen
Und Arten
Von L.
Sich zu verhalten
Zu sprechen
Und zu argumentieren
Erinnern mich an B.
Einzig der Abstand von fast 40 Lebensjahren
Lässt den Vergleich fragwürdig erscheinen
Und dennoch

Weiter an Newsletter 23 schreiben

Momente des Glücks

Vorschlagen heißt schaffen
Beschreiben heißt zerstören

Die Stacheligkeit gelebter Erfahrungen

Wenn unsere Gesellschaft ein

Wegwerfbetrieb ist

Der einen nicht endenden Strom aus

Abfall

Produziert

Was ist es dann

Was ich produziere

Und die vielen anderen

Die ich so schätze

Cole

Kafka

Weiss

Moriyama

Koudelka

Goetz

Handke

Han

Die Form wahren

Sich zurückziehen

Sich einmummeln

Zur Ruhe kommen

Schlafen

Sich vom Schlaf übermannen lassen

Sich ausschlafen

Dann einen Mittagsschlaf

Und das Essen reduzieren

Vielleicht ganz einstellen

Und doch nicht fasten

Das kommt später

Jetzt den Energieverbrauch herunterfahren

Die Bewegungen auf ein Minimum drosseln

Schlafen

Immer wieder schlafen

Und die Wachphasen dösend im Schatten verbringen

Manchmal könnte ich H. an die Wand klatschen

Lag der Tunnel schon hinter mir?

Küchennotiz: Der Auflauf schwappt über

Gestern mit den Meditationen fürs metalabor neun
begonnen

Heute ist es etwas kühler

Wir erörtern die Frage
Ob Trittplatten oder Hangstufen
Im Garten verlegt werden
Sollen

Gegenwart ausstrahlen lassen

Coaching will Langsamkeit und einen Ablauf
Ein Von-selbst-Hervorkommen

Covid-Season

Momente des Übergangs

Texte fürs *metalabor neun* in den Druck gegeben

Das
Was zusammenhält

Zusammenhalt der Gegensätze

Was versuche ich zu erreichen?

In die Kompaktheit der Dinge eindringen

Dem Frieden
Geht das Einvernehmen
Voraus

Ich versinke
Wie im Treibsand
Und finde keinen Weg
Wie im Nebel
Das Resignative
Die Ziellosigkeit
Meines Lebens
Ich würde mir etwas vormachen
Anderes zu behaupten
Ich würde mir das Leben schön denken
Für andere

An einen toten Punkt angelangen

Heute endet die Plakataktion im Schaukasten Limburg

Kennt mich jemand?
Werde ich auf der Straße angesprochen?

Anlaufschmerzen im linken Fußgelenk

Wie viele Exzentrizitäten kann eine Fotografie
vertragen?

Herumlungern
Quatschen
Warten
Vielleicht rauchen

Der Tod von allem und jedem
Eine Angst aus der Mitte der Achtziger

Die Gemeinschaft
Benötigt mehr stilles Einvernehmen
Als allgemein angenommen

Poesie
Die Sprache
Stillen Einvernehmens

Assonanzen

Stille Kommunikation

Das gelungene Bild
Wie
Der gelungene Tag
Entstehen im Betrachtendem
Durch Einvernehmen

Einvernehmlich den gelungenen Tag begehen

In ein Bild etwas hineinprojizieren
In einem Bild etwas sehen
Ein Bild deuten
Oder interpretieren
Bedeutet
Das Bild kontrollieren wollen
In seiner Aus-Wirkung
Das Bild beherrschen wollen
Als Subjekt

Im Strom der sozialen Medien
Kann ich geschwind reagieren und bewerten
Was mir als Sender
Der ich Informationen ab-sondere
Das Loslassen der Information
Erschwert
Ich bin zwangs-rückgekoppelt
Eine Einvernehmlichkeit
Zwischen Sender, Empfänger und Objekt
Ist nicht erreichbar

Als Künstler interessiert mich die Geschwätzigkeit
Der Betrachtenden
Nicht

Ein Werk existiert
Weil es Gestalt hat
Nicht weil ich es beschreibe
Oder bewerte

Mich in Dinge (Landschaft) hineinzuprojizieren
Ihnen (ihr) dadurch meine Subjektivität zu verleihen
Zu übertragen
Ist der Versuch
Das Ding (die Landschaft)
Zu beherrschen

Bilder schaffen
Die zu einem Einvernehmen mit den Betrachtenden
führen

Das Bild soll den Betrachtenden einbeziehen
Ihn teilnehmen lassen

Keinen Ausgang haben
Als den Eingang

Verständnisinnigkeit

Man macht nicht reif

Fragen
Die mir auf Instagram gestellt werden
Was ist dein Oberziel?

Die Zukunft beginnt jetzt

Das Leben hört nicht auf
Nur weil ein historisches Ereignis stattfindet

Experiment: Halbierung der Flecainid-Dosis auf
100 mg / Tag

Wieso kann man manchmal nicht einfach
verschwinden?

Jeff Wall für Newsletter erarbeiten
[https://de.wikipedia.org/wiki/Jeff_Wall]

Noch bevor er das Messer an sein Gehirn setzt, um es in gleichmäßige Scheiben zu schneiden, hält Sascha Büttner kurz inne. Er zieht die lange Klinge noch einmal über den Schleifstein. Dann setzt er an und macht ganz langsam einen glatten Schnitt. Die fingerdicke Scheibe legt er vorsichtig vor sich auf die Arbeitsfläche. So geschnitten, sagt Büttner, lassen sich die Gedanken besser erkennen.

Sich selbst transzendieren

Blähungen und Völlegefühl im Kopf

Ruhe und Klarheit in allen Belangen
Lebensstil
Ernährung

Toxische Überlastung

Ein bewusstes Leben führen

Und immer
Und immer wieder
Die E-Mails abrufen
In der Hoffnung
Ja
In der Erwartung
Dass sich eine weitere E-Mail dazugesellt
Hat
Und wieder
Und wieder
Durch die Timeline scrollen
Den Messenger öffnen
Und schliessen
Und öffnen
Und
Schliessen

*Zuhören ist ein völlig unterschätzter Leadership-Skill.
In unserem Guide lernst du, wie du als Führungskraft
mit den richtigen Fragen dein Team förderst.*

Ein Seinsollendes Konstruieren
In der Wirtschaft
In der Politik
In der Kriegsführung

Das Wachstum anstoßen
Und den folgenden Prozess nur begleiten

Das Internet belästigt mich

Führungskraft zu werden heißt, Mensch zu werden.
(Paul, Koch & Chief Energy Officer)

Fragen
- Sind Tiere die Zielgruppe?
- Wie kann man sich in einen Menschen verwandeln?
- Was war ich vorher?
- Wenn ich schon Mensch bin, bin ich dann auch schon
Führungskraft?
- Sind Mitarbeitende keine Menschen?
- Was heißt es, ein Mensch zu sein?

App-Limit gesetzt

Tote haben keine Zukunft

B. ist zu Besuch.
Erfrischende Gespräche
Runde zum Hochwasser
Erstmals zu dem Friedhof russischer Kriegsgefangener
947 Tote

«Der Zeit wieder zur Dauer verhelfen»
Wurde ausgeliefert
Story auf Instagram gepostet

Heizung wurde gewartet
Überlaufventil ausgetauscht
Wir hoffen nun
Dass der Wasserverbrauch signifikant abnimmt

E. beim Aussuchen einer neuen Brille begleiten

Zuvor Wocheneinkauf

Fotografien sind Spiegel
Sie zeigen uns selbst
Die wir
Brutales
Grausames
Idiotisches
Banales
Pittoreskes
Anmutiges
Schönes
Sehen möchten
Und je öfter ich in den sozialen Medien
Ein Spiegelbild meiner Selbst
Like
Desto mehr wird mir dieses Selbst
Gezeigt
Bis es zur Fratze verkommt

Sich langsam
Wie Nebel
Bewegen

Atemberaubend

Elefanten
Die
Von Insel zu Insel
Schwimmen

Wir wissen das
Was uns eine Fotografie
Offensichtlich
Zeigt
Wissen aber nichts
Von dem Leid
Und dem Glück
Dass uns die Fotografie
Offensichtlich
Nicht zeigt

Das Gewicht der Worte
Der Schock des Fotos

Innere Kraft entfalten mit Qigong

Ich habe eine Sternschnuppe bestellt

Der Krieg verbraucht die Wörter

Man liest in ein Foto das hinein
Was es sagen soll

Leise gehen
Um die Schlafenden nicht zu wecken

Nennen sie mich
Sascha
Den Bären
Der
Der fortwährend Winterschlaf hält

Die Dunkelheit des Lichts sehen

Unbekannte Zwänge des Seins entdecken

Die Rückmeldungen fürs metalabor sind bescheiden
Fürchte es absagen zu müssen
Wenn nicht acht Teilnehmer zusammenkommen

Die Richtigkeit der Dinge

Warum sitze ich hier
Wo ich sitze?
Menschen um mich herum
Im Wartestand
Einer nach dem anderen wird aufgerufen
Verschwindet
Kommt nicht wieder
Jedes Verschwinden
Ein Messpunkt der Zeit

Die Alchemie des Mondlichts

Humor
Der Abwehrreflex
Des genügsamen Menschen

Das Auge sieht
Was es sucht

Ein krummer Bär
War ich

Es ist ratsam
Immer eine Büchertasche
Bei sich zu tragen

Erst wenn man aufgibt
Kann man
Sterben

Die großen Themen
Geburt
Leiden
Hoffnung
Tod

Der gute Nachbar
Schaut kurz herein
Und möchte sich bei mir bedanken
Und dazu reicht er mir eine Flasche besten Rotwein
Und ich danke
Und ich nehme die Flasche entgegen
Und ich studiere aufmerksam das Etikett
Und ich gebe ihm die Flasche zurück
Ich trinke keinen Alkohol mehr

Jauchzen

Leben
In behaglicher Resignation

H. hatte sich psychisch vollkommen verausgabt
Dann plagten sie furchtbare Gedanken
Vom Tod und der Sehnsucht nach dem Ende
Jetzt geht es ihr schon besser
Sie macht neue Pläne
Neue Aufgaben
Als ob es ihr Ziel wäre
Sich erneut psychisch komplett zu verausgaben

Alle Entfernungen kommen mir falsch vor

Die Modellierung wird nicht verschwinden

Aufhören
Die Taschen von M. voller zu machen
Als sie ohnehin schon sind

Auf der Strecke nach Frankfurt
Signalstörung
Zugwechsel
Sitze nun in der ersten Klasse
Die Gespräche sind hier leiser

Modellieren und reifen lassen
Modellieren
Um zu begeistern
Einer Idee Gestalt verleihen
Und konkret
Eine Situation heranreifen lassen

Im Taijiquan
Die Form
Um zu mobilisieren
Die Menschen zu begeistern
Um eine Idee von der Wirksamkeit zu haben
Und in der Praxis die Gesten
Heranreifen lassen
Tiefe entstehen lassen
Und ohne Zwang die Form Gestalt werden lassen

Alles geht in die Hose
Das Leben fließt
Ich fließe mit

Erinnerungen
Alle Erinnerungen
Sind vor allem lokal

Wirklichkeitsnähe
Heißt
Schockwirkung
Eine Bedingung in der Fotografie
Die einhergeht mit dem Modellieren
Dem Seinsollenden

Intensiv
Lesen
Verstehen
Nichts-tun
Die Gedanken heranreifen lassen

Selbstbezogenheit
War noch nie attraktiv

Der Winter
Hat meine Seele
Fest im Griff

Vom Schweigen
Der Menschen
Lernen

Die Erinnerung
An vieles
Dass sich in einer
Verflechtet

Die Berge
Sind die Hüter
Der Stille

Einen Ort des Rückzugs
Und der Kontemplation
Haben

Das Denken fördern
Und pflegen
Das sich mit der nicht berechenbaren Welt
Beschäftigt
Obwohl diese
Durch Berechnung geprägt und bestimmt wird

Es ist ein großer Irrtum
Zu denken
Das Computer und schwache KI existieren
Um Antworten zu geben

Geografien der Macht

Cloud
Geografie der Macht
S. 17 New Dark Age
- Für Newsletter lesen

Apparate
Verwirklichen ausschließlich
Ihre eigenen
Eingebetteten Wünsche
Sie dienen uns zur Erheiterung
Denken wir
Und drücken auf den Auslöser
Wie dressierte Äffchen
Und bilden uns ein
Wir würden etwas Eigenes erschaffen
Gar gestalten
Doch im Grunde erfüllen wir lediglich den dem
Apparat inhärenten Wunsch

Ryo Fukui

Die Tätigkeiten sollten regenerieren
Sie sollten nähren
Sie sollten versorgen

Teilen
Statt
Verwerten

Pflegen
Statt
Unterwerfen

Ich habe mir gegenüber
Und allen anderen
Und allen Dingen
Eine Fürsorgepflicht

Lebensrhythmen
Tag-/Nacht (Wachen / Schlafen)
Wochen-/Monat (aktiv / passiv)
Jahreszeiten (Erholung / Entspannung)
Lebens-/Entwicklungsphasen

Ich beobachte mich dabei
Wie mir absonderliche
Und
Belastende Gedanken
Den Rücken
Emporklettern

Das Prinzip der Sachherrschaft

Die Dinge sind dem
Eigentumsverständnis
Der Moderne
Ausgeliefert
Denn das bürgerliche Individuum
Der Eigentümer
Hat das Recht
Sein Eigentum zu gebrauchen
Und zu missbrauchen

Die vollends
Aufgeklärte Erde
Erstrahlt im Zeichen
Triumphalen Unheils

Der Wunsch
Schon jetzt eine tote Sache zu sein
Sich der Zukunft entziehen
Und
Der Apokalypse ein Schnippchen schlagen

Etwas auf den Kopf stellen
Damit es Boden
Unter die Füße
Bekommt

Bücher 2024:

- Versuch über den Alltag
        - Fotoessay
- Anmerkungen zur Fotografie
        - Überarbeitete und neu zusammengestellte
Texte aus den Newslettern / Kompilation
- 365
        - Text-Foto Buch für 365 Tage im Jahr

Fliegen bedeutet
Solange in der Luft zu bleiben
Bis man den Bestimmungsort erreicht hat

Hemingways Idee einer guten Erzählung
(Erzähltheorie)
Das Eisberg-Modell
Auf die Fotografie anwenden

Das Kapital ist fortwährend damit beschäftigt
In den Trümmern
Die es hinterlässt
Bausteine zu finden
Die in seine Maschine passen

Das Kapital ist eine Todesmaschine

In dieser Todesmaschine
Wird nicht Leben in die Welt gebracht
Sondern
Arbeitskraft zur Verwertung

Wolfgang Iser
Die Appellstruktur der Texte

Entschuldige
Mein Telefon
War tot

Jeder Tag
Ein Tagesstein
Von Meilensteinen
Bin ich weit entfernt

Vorsorglich habe ich mich warm angezogen
Nun sitze ich im Zug
Nach Frankfurt
Mir gegenüber
Hat sich eine Frau niedergelassen
Ihren Mantel aufgeknöpft
Geschlossene
Entspannte
Augen
Die Hände sanft im Schoß gefaltet

Das Perpetuum mobile
Unserer Hoffnungen

Leid zu schaffen
Ist ein Privileg der Wissenschaft

Sich vernichten
Heißt
Zu beweisen
Dass man über sich selbst verfügt (hat)

Kapital erfordert ein
Destruktives
Weltverhältnis

Natur
War einmal
Regenerationsraum

Anti-Aussterbe-Aktivismus

Sterben aufführen
Auf den Bühnen
Der Welt
Den Straßen und Plätzen
In den Städten und Dörfern

Nicht die Illusion
Ist zu bekämpfen
Sondern die Zustände
Die der Illusion bedürfen

Ungefragt darf man alles
Ungefragt

Und wieder diese Müdigkeit
Die mich anfällt
Sobald ich ein Buch aufschlage

Der kindliche Wunsch
Der Esoteriker
Das Mond und die Sterne
Unser Verhalten
Regieren
Mögen

Es gibt viele Gespräche über
Dich

Die Sätze überkommen mich einzeln
Jeder für sich
Sage ich
Einer nach dem anderen
Manchmal
Oft aber auch nicht

Ich übe das Ende
Von dort aus zu denken
Weiter
Aber auch
Vor allem
Zurück
Zum Anfang
Also rückwärtig
Der rückwärtige Raum
Der vom Ende her
Am besten zu erblicken ist

Zwischen dem
Noch nicht
Und dem
Nicht mehr

Voll besitzen
Kann man nur Totes

Wir können uns
Die kommenden Verluste

Nicht vorstellen

Schon an den ganz Jungen
Wird Grausamkeit vollzogen

Ich hungere aus mir heraus

Lichtmess

Von vornherein mitgewußt

Ich
Ist ein Medium seiner
Selbst

Alleinsamkeit

Jede Geste hier
Ist mit einer Geste dort
Verbunden

Der Kapitalismus
Zerstört das Leben
Selbst

Sachverwalter des Todes

Noch bevor ich
Bedauern konnte
Kein Tagebuch geführt zu haben
Schrieb ich in mein Notizheft

Im Geiste schreibe und gestalte
Ich
Das nächste Buch
Das 365
Heissen wird
Weil es den Lesenden
Und den Betrachtenden
An jedem Tag
Und dem darauffolgenden
Eine Meditation anbietet
Sei es ein Text
Oder
Sei es ein Bild
Bevorzugt eine Fotografie

Deplatzierte Fragen:
Kann KI Kunst?

Es ist ein Film
Schatz
- Also ein Märchen

Das Recht
Mit seinen Widersprüchen zu leben
Allein

Wenn der Rauch aufsteigt
Rollt sich der Schlaf vom Dach

Stunden, ja Tage lang arbeitete ich an der Szenerie.
Jedes Detail wollte bedacht sein. In unzähligen Skizzen
entwarf ich den Bildraum, den ich in die Wirklichkeit
übertragen wollte. Dann war es endlich so weit. Ich bat
Hannah, im Raum an der richtigen Stelle mit der
richtigen Geste das Bild zu komplettieren. So entstand
eine Wirklichkeit, die ich mir später im Bildraum, den
die Fotografie zur Verfügung stellte, betrachten konnte.

Plötzlich
Fiept es laut in meinem Ohr

Über die Oberfläche der Welt fegen

Nieselregen
Schon den ganzen Tag

Grau dazu

Der garantierte Selbstbesitz

Wir sind frei
gefangen in Sachzwängen
abhängig von Lohnarbeit
sortiert nach Identitäten
und ständig gestresst
Schreibt Eva Redecker

Welt
Wieder
Annahme

Am Mittag
Sonnenschein
Bis zum Abend

Sieben Folgen Testo

Die Schwarze Feministin Francis Beal formulierte diese
Haltung 1968 folgendermaßen:

*Wir müssen anfangen zu verstehen, dass eine
Revolution nicht nur die Bereitschaft erfordert, unser
Leben aufs Spiel zu setzen und uns toten zu lassen. In
gewisser Weise ist es leicht, sich dazu zu bekennen. Für
die Revolution zu sterben, ist eine einmalige
Angelegenheit; für die Revolution zu leben bedeutet,
die schwierigere Aufgabe zu übernehmen, unsere
alltäglichen Lebensmuster zu ändern.*

Den
Kreis
Einschluss
Und
Ausschluss
Öffnen

Die Fahrkartenkontrolleurin
Findet für
Die zwei Migrantinnen
Die nur wenig Deutsch sprechen
Die günstigste Fahrkarte
Und drückt dann beide Augen zu

Den ersten Knopf
Richtig knüpfen

Wildschweine
Am helllichten Tag

Wo das Leben kostbar ist
Ist das Leben kostbar

Die unsichtbare Struktur
Des Realen

Der Mittag ist schnell erreicht
Jetzt Pause
Mittagsgrau
Regen

Später dann
Lernreise

Kikuji Kawada

Man nimmt
Und gibt wieder zurück

Alle
Spirituellen Techniken im Universum
Werden niemals ausreichen
Eine
Auch
Nur
Im Geringsten
Bewohnbare
Welt
Zu schaffen

Nicht herumkrakeelen
Nur um ein Geräusch zu machen

Paradox der Menschenrechte
Oder
Besser
Ein Recht auf Rechte

Unser Planet ist gar nicht untergegangen
Also lieben
Und hegen
Und pflegen
Wir ihn doch gemeinsam
Einfach so
Weil wir es können

Wo das Leben kostbar
Ist
Ist
Es
Unschätzbar

Die Gelassenheit
Der
Nicht-Handlung

Nur wo das Monströse bereits existiert, neigt
Todesangst zu Tyrannei.
(Eva von Redecker)

Nährende Unsichtbarkeit

Leben
In wilder
Verbundenheit

Hübsch verpackt
Als Einzelposten
Mit Maske vor dem Gesicht

Naturzustandskonzeptionen

Die Verinnerlichung von Ritualen
Dienen der
Disziplin
Und der
Hygiene

Kontrolle wird durch den permanenten Anreiz zu
Konsum
Gesundheit und quantifizierbarer Lust ausgeübt

Das Dreieck
Als Element der Bildgestaltung
- Drama
- TED*
- Bildraum
- Szenerie
- Inszenierung

Natur
Ein Fotobildband mit Fotografien
- Hecken
- Bäume
- Gestrüpp
- Wald

Die

Zeit

Verhältnisse

Sachherrschaft

Erzittern lassen

Weltbeschaffungsarbeit

Differenz wird überhaupt nur zum Problem

Wenn man sie von der Warte der Homogenität aus
betrachtet

Schreit Eva Redecker

Und

Frei

Sind wir nur gemeinsam

Mutualität

Das Gute

Alte

Anarchistische

Prinzip

Mutualistische
Reisegesellschaften
Bilden

Wir wissen
Uns umeinander
Wissend

Thema für Newsletter
- Spaziergang
- Natur
- Bildraum
- Bühne
- Theater der Symbole
Uns umeinander wissend wissen (Titel)

Ökonomie der Fülle

Wir
Verschmelzen
Miteinander
Durch
Sätze

Akzeptieren
Was wir nicht können
Und darin verweilen

Tauben im Gras
Wolfgang Koeppen

Am einundzwanzigsten März startet der Buchclub

Morgen startet der Qigong-Kurs
Zwölf Wochen

Das Flüstern der betenden Mäuse

Selbstsorge

Die Perspektive
Der zärtlichen Erzählenden
Einnehmen

Könnte es sein
Nur mal angenommen
Das hier nirgendwo ist
Auf immer
Auf ewig

Im Digitalen
Geht der Verlust
Verloren

Sabine Nuss

Dem Rhythmus des Moments folgen

Kein Was
Kein Wann
Kein Wo

Wenn wir uns finden

Aus dem Schatten heraus
Beobachtet uns das Fremde

Abseitige des Lebens

Das
Großmütterleinvermögen
Dass ich nie hatte

Nichts erwarten
Weil es sinnlos ist
Etwas zu erwarten

Büttner hatte sich nie einer Menschenmenge
angeschlossen

Nie eine Universität besucht
Sich nie einer Gruppe zugesellt

Ich schrieb meine
Autobiografie ohne Ereignisse
So
Wie ich auch mein Leben lebte

Rothko Chapel

Andachtsraum

Galerie

Unberührbarkeit des Bildes

Chinesisches Wandbild

Kunst

Gerahmtes Bild

Glas vor dem Bild

In Beziehung treten

Berühren

Geist-Raum

Kontemplation

Körperlosigkeit

Geist

Höhlenmalerei

Berühren

In Kontakt treten

Anbetungsobjekt

Der Tod
Verheiratet mit dem Leben

Etwas zu erwarten
Habe ich mir abgewöhnt

Bedürfnisorientierter Gütertausch

Wir fürchten den Aufstand derer
Für die wir das Raster der gefügigen Dinge
Vorgesehen haben

Wenn ich als Coach
Auf alles eine Antwort habe
Ziele ich darauf ab
Mein Gegenüber
In der Rolle festzuhalten
In der er mich aufsuchte
Um die Rolle loszuwerden
Empowerment sieht anders aus

Einander
Zur
Welt
Bringen

Wie wollen wir wurzeln?

Mit einem Mal
Sitzt die Brille
Nicht mehr
Richtig
Auf der Nase
Auch scheine ich «schief»
Durch die Gläser zu blicken
Beim Tippen der Buchstaben
Vertippe ich mich bei jedem zweiten Wort
Unaufhaltsam

Alternative Fakten
Befreien
Oder lenken von der
Notwendigkeit
Ab
Sich mit der Realität
Auseinanderzusetzen

Was macht
Alternative Fakten
Zu
Alternativen Fakten

Leichtes Zittern in den Fingern
Schmerzende Unterarmmuskeln

Träume
Dass mein Herz zu weit ausschlägt

Behandle mich selbst
Wache auf
Stehe auf

Die Güter

Denen

Nehmen

Die sie

Zerstören

Und sich an deren

Erschöpfung

Bereichern

Dimensionsstrudel

Alternative Fakten funktionieren nicht als Tatsachenbehauptungen, sondern als Widersprüche zu Tatsachenbehauptungen.
(Nils C. Kumkar)

Der Kampf
Um die
Wirklichkeit
Der
Wirklichkeit

REPUBLIK BLOCKIERT SICH SELBST

Das
Einzige
Was
Apokalyptisch
Ist
Ist der unbedingte Wille
Des Kapitalismus
Zu zerstören
Und
Zu vernichten

Entdecke die Kunst der intuitiven Fotografie

In «Einfach losgehen» geht es nicht nur um die Lebensgeschichte von Sascha Büttner. Es geht um die Reise einer Frau, geprägt von Schicksalsschlägen, Verlusten, Ausgrenzung und Diskriminierung.

Es geht um Aufstieg, Erfolg und der dennoch bleibenden Suche nach Identifikation, Anerkennung und Liebe.

Es geht um das Streben nach Glück und der Befreiung aus gesellschaftlichen Korsetts.

Die Autorin veranschaulicht bildhaft anhand ihrer eigenen Geschichte, dass ein Leben in Selbstliebe und Dankbarkeit möglich ist, auch wenn das Schicksal immer wieder erbarmungslos zuschlägt. Neben ihrer eigenen Lebensgeschichte erklärt Büttner rhythmische Zyklen und zeigt, wie wir uns aus den Dramen des Lebens befreien und unser eigener Kompass werden können. Diese bewegende Geschichte soll die Leserinnen und Leser daran erinnern, dass das Glück selbst inmitten von Schwierigkeiten und Verlusten gefunden werden kann. Sascha Büttners Lebensreise inspiriert und ermutigt, aufzustehen und weiterzugehen.

DEMONSTRATIONSZUG ZUM DOM

Steigender Luftdruck

Wirklichkeitsmaschine

Die Güter
Und
Die Dinge
Von der Sachherrschaft
Befreien

Weltwahrung
Standort
Seine Gezeiten aufrechterhalten
Wo weder Kontrolle
Abgezirkelt
Noch
Gewinn
Gemacht wird

Weltwahrende Zwischenräume
Gestalt werden lassen

Sich bejahen
Als
Teil
Dieser
Welt

Trostbriefe

Weltinstandhaltung

25.2.2024, 19:12 bis 26.2.2024, 04:51
Rezidiv
300 mg Flecainid

FERNZÜGE IM VERGANGENEN JAHR ZU 64 PROZENT
PÜNKTLICH

Angstlust

TAURUS-ABSAGE

Und doch arbeitet man
Ganz öffentlich
An der Möglichkeit
Im Krieg mit Russland
Zu sein
Mann gegen Mann
Heldenhaft
Elendig

Gegenwart ist, wo sich alle Gezeiten treffen.

Welt
Innen
Raum

Notarzteinsatz auf der Strecke: auf der Strecke
Frankfurt (Main) Hbf – Limburg (Lahn) zwischen
Niedernhausen (Taunus) und Bad Camberg. Es kommt
zu Verspätungen und Ausfällen in beiden Richtungen
im Regionalverkehr der Deutschen Bahn.

Bleiben

Können

Erfordert die Wahrung

Einer

Bewohnbaren

Welt

Einstürzende

Welt

RAF-TERRORISTIN GEFASST

Leiwanden

Dialektal (Wien), auch ironisch: großartig,
hervorragend, sehr gut, gefallend.

Zeit

Leere Zeit

Leere Zukunft

Day
Life

Die Krokusse sind in voller Blüte
Auch sind es mehr an der Zahl
Als im Vorjahr

Tendenz zu
Veränderlich

Erkennen
Was nicht passiert
Ist

Leichte Kopfschmerzen

Teufelsgreifer
Von Julio Cortázars

Blow-Up

Worte
Wiederkäuen

Ich besaß eine
Geheime Macht
Über die Tiere
Und die Dinge

Unsicherheit
Umarmen

2 Zimmer in Fürth gebucht

Ich verließ die Schulbank
Mit der Zuversicht

Dass die Zeit ein Momentum für die Gestaltung von
Neuem mit sich bringt

Ich entschied mich
Dann
Endlich
Für das Konzept der
Bleibefreiheit
Alle anderen Modelle schienen mir obsolet

Newsletter 27 versendet
Hannah hat zum letzten Text eine Rezension verfasst

Gerne
Schaue ich
Schönen Körpern
Beim Anziehen zu

Dort
Wo die Schiffe zum
Sterben
Fahren

Ich habe die
Gabe
Nie
Jemanden
Zu stören

Unfug

Gemunkel

Man kann
Leben
Ohne zu
Denken

Die Seele vom Leib lösen
Und Sterben üben

Anfangsfinder

Wir stehen vor einer Welt, in der Roboter massenhaft
Nachrichten produzieren, die wiederum andere
Roboter für uns auswerten. Dabei sollten wir uns
zunächst fragen: Macht uns das wirklich effizienter?
(Handelsblatt, 3.3.24)

Wissen
Solange
Zerpflücken
Bis es sich in
Unwissenheit
Auflöst

Über den Zuglautsprecher
Wird der kommende Streik angekündigt
Die Frau mir gegenüber
Zischt zwischen ihren Lippen
Einen Fluch hervor
Ich stelle mir vor
Ich sei nicht von hier
Verstünde die Sprache nicht
Wie merkwürdig würde mir die Szenerie vorkommen

Die Verwirklichung
Meiner Freiheit
Finde ich im anderen
Und so viel Verantwortung
Und so viele Dinge
Die zu beachten sind
Und Pflichten
Denen nachzukommen ist

Freiheit
Als
Selbstbesitz

.

Den Tod
Endlos
Reinszenieren

Eigentumsrechte
Zirkeln bestimmte Bereiche des Lebens ab
Zur ungestörten Verfügung
Um Leben zu machen
Um Tod zu machen

Damit ich Texte schreiben kann
Die nicht politisch sind
Muss ich den Vögeln zuhören
Und um die Vögel zu hören
Muss der Kriegslärm
Verstummen

Die Arbeit des Sehens
Warum muss alles Arbeit sein?

Der Angreifer ist mein Freund
Er hat es nur vergessen
Wirklich?

Microsoft schreibt:
*Wenn Räume eine Bedeutung und Bestimmung haben,
werden sie zu Lebenswelten. Das liegt daran, dass
Menschen zusammenkommen, sich austauschen und
gemeinsame Erfahrungen machen. Genau dieser
Ansatz macht ein Haus zu einem Zuhause und fördert
eine Büroumgebung, für die sich der Arbeitsweg lohnt.*

Dazu fällt mir der Begriff
Begegnungszone
Ein

Räume
Die neoliberal
Marktwirtschaftlich
Durchdrungen sind
Räume
Die nicht den Menschen dienen
Sondern in denen Menschen funktionieren
Gemäß den ihnen zugedachten Rollen

Führerschein umgetauscht
H. fragt nach Geschenken
Sie habe doch ihren Bachelor bestanden

Ich bin jetzt Meta-Authentifiziert und bekomme
alsbald ein blaues Häkchen

Gelegentlich spukte ich ein Kaninchen
Ein kleines zumal

Die Gewohnheiten
Lese ich
Sind konkrete Formen
Des Rhythmus
Der uns hilft
Zu leben

Immer wieder entdecke ich
Dass ich seit
Jahren
Seit vielen
Jahren
Immer und immer
Wieder
Dieselben Themen
Bearbeite

Ist das gut?

Bestiarium
Newsletter #28

Bewusstsein als Rebellion

Winterblues

Hinterher
Befindet man sich
Immer
In der gleichen
Zeit

Der Begriff
Der
Weißen Fahne

Diese teerige Sonne

Coaching
Oder
Menschenoptimierung
Beides zusammen
Ist Eugenik

Monade

Glück sei meine Zier
Teufel fort von hier

Dreck
Ist Materie
Am falschen
Platz

Geisterseherei

Geschichte
Erfahren wir
Auch
Durch
Sehen

Wir verstehen erst dann
Wenn wir mit
Körper
Geist
Gefühl
Verstand
Die Dinge
Die Welt
Die Mit-Welt
Erfassen

Mir scheint
Ich folge dem Bären

Zwischen Moosen
Und Steinen
Findet ein uraltes
Gespräch
Statt

Steine bewahren
Die Geschichte der Erde

Auf

Wenn in meinen Fotografien
Menschliche
Gestalten auftauchen
Dann sind es kaum mehr als
Unauffällige und flüchtige
Erscheinungen

Die Wirklichkeit
Nicht
Allzu wörtlich
Nehmen

Exploration
Versuch
Etwas herauszufinden
Erkundung

Es kippte nichts um

Mit den richtigen Worten
Sehen wir besser

Tote haben Bilder

Coaches sind nicht nur Coaches
Sie sind auch Bürger
Ernsthafte und gute Beratung der Menschen hat immer
dazu gedient
der Gemeinschaft zu helfen und zu dienen

Ich muss es verstehen

Ich dachte
Ich würde sterben
Doch die Jahre zogen ins Land
Jetzt warte ich
Dass ich sterbe

Geschwindschritt

Ein winziger Hauch von Frühling inmitten eines
deutschen Winters
Immer noch

Zart hängt der
Frühjahrsnebel
Schwebend
In den Ästen
Der Bäume

Ich
Denke
Nicht
Mehr

Wirklich
Keit

Es kommen härtere Tage

Schnür deine Schuhe
Schließe Frieden

Jede Menge

Wirf die Fische
Ins Meer

Es ist
Ein Zeichen von Achtung
Ein jedes Lebewesen
Mit seinem Namen
Anzusprechen

Durchgängig
Hellgrauer
Himmel

Das Moos leuchtet
Wie Sonnenflecken
Durchs Gras

Was gibt mir Vertrautheit
Im Wald
Auf den Feldern
In der Stadt
Auf den Straßen
Und Plätzen

Leben in der Grenzschicht
Ganz klein

Promenieren

Was aber ist es
Das mich hier herbringt?

Zwangsstörungen

Zukunft seit Anbeginn der Zeit

Die Stadt entrückt mir jedes Mal aufs Neue

Einmal
War ich acht

Newsletter #29
Exploration
Logbuch

Ich bin jetzt kurz vor A.
Wie zuvor erwähnt
Kurz vor A.

In Sichtweite des Biolandhofs ein Kreuz

Seit Stunden trällert mir die Feldlärche
Ihr Lied ins Ohr
Nervtötend

Süßgebäck

Die Zurschaustellung
Eines versuchhaften Ichs

Als sei der Wind hineingefahren

Die Fahrt nach W. schmerzt
Tief in meiner Seele

Datenschreiber
Thema für Newsletter 30

Wer sich beobachtet
fühlt
Handelt moralischer
Sagt Kahneman
Jetzt ist er tot

Eine Zahl
Mit Tausenden Nullen
Ein ganzes Leben lang

Der Tod
Klingt nach Freiheit

Fehlersprung

Neues Format
Magazin für Alles

Können Eichhörnchen trauern?

Grundlärm

Den Tagträumen nachhängen

Selbstüberschreitung

Die Ko-Existenz
Geht der
Existenz
Voran

Wir leben in einer Zeit
Da sich die Demokratie
In eine
Diktatur neuen Stils
Entwickelt

Die westliche Interpretation
Der Menschenrechte
Ist eine
Terrorherrschaft des Individuums

Digitalität gibt uns die Möglichkeit
Nichts mehr zu
Spüren

Halte dein Herz offen
Vielleicht durch Hinhören
Und tiefes Fühlen
Des Schmerzes
Kann dein liebendes Herz die ganze Erde umfassen?
Bleib in dieser dunklen Zeit
Hellwach
Bei mir
Und lebe

Magazin für alles in den Druck gegeben

Oft saß ich unter den stillen
Hohen Bäumen

Hinübergegangen

Der Tod
Ist das Ende
Der Freiheit

Die Seele
Einblick. Hinübergehen

Kindheitsfotos

Zeitdokument

Friedenstagebuch

Ich fürchte
Es wird kein gutes Ende finden

Havariedienst

Mit dem Naziopa einen Skiurlaub in Ischgl planen

Meide von Platon getaufte
Menschen

Regulieren
Selbstregulation

Eine Reise ist eine Reise ist eine Reise

Friseurgespräche

Wir müssen reden
Können
Damit wir uns freiwillig dazu entscheiden
Können
Zu schweigen

Nach langer Zeit
Erika und Michael
Wiedergetroffen
Gemeinsames Essen im Baiken
Wir saßen draußen
Blick über die Weinberge
Später war es dann kühl

.

Gesten und Sprüche
Stolpern
Ganz ohne Intention
Aus meinem
Kopf

Ohne Rahmen
Ist das Sichtbare
Immer etwas anderes
Fotografien
Schließen das Sichtbare
Immer in einem Rahmen ein

Fahrt nach Frankfurt

Gestern das Gartentreppenprojekt zu Ende gebracht

Seltsame Tage

Ohne alkoholische Hilfsmittel auskommen

Die Müdigkeit
Ein Gedanke
Vertreiben

Es ist nur eine Frage der Zeit
Alles
Alles

Angestrengt
Wischt die Frau mir gegenüber
Über das Display ihres Smartphones

Einfahrt in Niedernhausen
Mehr Passagiere
Die aussteigen
Als zusteigen
Manchmal habe ich das Gefühl
Ich fahre ans Ende der Welt
Weit ist es nicht
Licht und Schatten

Es gibt ein Gebäude in Frankfurt
Da verliert sich jede Spur
Von mir

Ich bin mir nicht im Klaren
Wo ich bin

Unwillen

Langes
Behagliches
Schweigen

Mit meiner
Einer
Brille im Jenseits
Ankommen

Auf Instagram ich im profanen Alltag nach dem
Sakralen

Sich dem Tagträumen hingeben
Den Bart stutzen

Revolution des Ausruhens

Mitmach-Sau im Kapitalismus

Aus
Erzählmustern
Ausbrechen

Raum
Zum
Verweilen

Die Macht der Riten
Des Älterwerdens

Sich einrichten

Ulysses
Das Schreibprogramm
Teste
Ob das etwas taugt

Wenn man in der Sonne
Zumal der Mittagssonne
Arbeitet
Färbt sich der Nacken rot

Benzinrasenmäher
Geräusch
Aus dem Nachbargarten

Wildtierkamera neu ausgerichtet

Was kümmert mich
Mein kleines
Ich

Solidarisches Erzählen

Erste Person Singular
Cis Mann
Weiß
Generation X
Ohne Beeinträchtigung

Wolken türmen sich auf

Qigong im Park Flyer in den Druck gegeben

WhatsApp-Community gegründet
Eine Gruppe würde es auch tun

Lese dann doch die Nachrichten
Die aus Nahost kommen
Beunruhigend

Alle Gefühle
Meiner Mutter
Gingen auf mich über
Sorge
Angst
Freude
Nie Zärtlichkeit

Kurz dachte ich
Doch dann die Enttäuschung
Es geht um die
Konsumorientierten Freiheitsrechte
Und was will ich mich beklagen
Es ist eben eine echte Bertelsmann Studie

Das Ende

Der Marktlogik

Der Verwertbarkeit

Herbei sehnen

Herbei wünschen

Erkämpfen

Unangenehmer

Kalter

Zigarettenduft

Im Zugabteil

Einfahrt Frankfurt Hauptbahnhof

Bezeugen

Zeugnis ablegen

Vor sich selbst

Für sich selbst

Fotografien anfertigen

Texte schreiben

Gedanken notieren

Ich schaute in die Runde und fragte mich

Sich vergessen
Nicht lange
Nur einen kurzen Moment
Eine lange Weile

Arbeits-Selbst
Privates-Selbst
Ich-Selbst
Du-Selbst
Selbst-Wir

Was bleibt
Überflüssiges, das notwendig ist
Newsletter über das Älterwerden

Haltung
Atmung
Geist

Ich beginne damit
Die Texte für das Buch
Versuch über Fotografie
Zu bearbeiten

Qigong Kurs

Meridianklopfen am Abend
Unruhe

Letztes Rezidiv vor 2 Monaten

Mit Stolz teile ich mit, dass ich meine Qualifikation erfolgreich abgeschlossen habe! Diese Reise war nicht nur eine persönliche Errungenschaft, sondern auch eine Verpflichtung gegenüber meinen geschätzten Menschen. Durch meine erweiterten Kenntnisse und Fähigkeiten bin ich nun in der Lage, Ihnen eine noch höhere Qualität zu bieten. Mein Ziel ist es, maßgeschneiderte Lösungen zu entwickeln, die auf Ihre individuellen Bedürfnisse und Ziele zugeschnitten sind. Ihre Sicherheit und Zufriedenheit liegen mir am Herzen, und ich werde weiterhin hart arbeiten, um Ihnen dabei zu helfen, Ihre Ziele zu erreichen und eine sichere Zukunft aufzubauen.

Danke für Ihr Vertrauen!

Wir waren in diesem Jahr bislang nicht im Urlaub
Schon wird der fürs kommende Jahr geplant

Gelehrsam

Sich asketisch schulen

Die Erfahrung des Alltags

Den Ort und die Zeit
In sich tragen

Der angebrochene Tag

Ich lasse in meinem Herzen
Einen Garten entstehen
Von betörender Schönheit
Wird er am Abend vergehen
Sodass ich ihn am Morgen
Erneut entstehen lassen kann

Suche nach einer Unterkunft in Norditalien

Suche nach einer Unterkunft in Dänemark

pena.ger folgen

Die Erarbeitung und die Bearbeitung und die
Finalisierung des Newsletters optimieren
Den ganzen Prozess

Ich habe gerade daran gedacht
Dass ich außerhalb meiner eigenen Wahrnehmung
existiere
Und dass andere mich sehen
Und sich eine Meinung über mich bilden können

Aneignende Blicke
Über die Gewalt gegen Körper
Disziplinierung der Körper
Techniken
Newsletter #32

*Man kann das Leben nur rückwärts verstehen, aber
leben muss man es vorwärts.*
(Søren Kierkegaard)

Das Äußere ist das Innere
Das Innere
Das Äußere

Dem Entweder Oder
Das Und
Entgegensetzen

Einkehren
In mir

.

Herausfinden
wo in unserer Sprache sexistische
Rassistische
Queerfeindliche und/oder ableistische – kurz:
diskriminierende – Sichtweisen und Vorstellungen
eingegraben sind

Die Sprache des Kapitalismus
Mit
LTI
Vergleichen
Gibt es eine Kontinuität
Die herausgearbeitet werden kann?

Abgrundtiefe
Schluchten
Durchziehen
Meine
Seele

Nach dem Rechten sehen
Und melden
Wenn es Handlungsbedarf gibt

Richtung
Gewinnen

Dem Optimismus
Fehlt jede
Negativität
Er ist autoritär

*Der Positivitätskult im neoliberalen Regime
entsolidarisiert die Gesellschaft.*
(Byung-Chul Han)

Geistesstimmung

Das metalabor
Öffnet
Einen unverfügbaren
Möglichkeitsraum

Unverfügbarkeit

Variationen
Des
Gleichen

Bitte nicht sprechen
Es wird nur schlimmer

Tagträume der Hoffnung

Jeden Augenblick bereit sein für das
Was noch nicht in der Welt ist

Rentenbescheid

Ich lebte im Überfluss aller Güter dieser Welt
Zusammen mit Bernhard
Auf engstem Raum
In der endlichen Weite Europas

Seit gestern
Haben wir Pawlow
Unseren unsichtbaren Hund
Den wir mit einer Klingel
Zum Essen locken
Oder einfach laut seinen Namen rufen
Pawlow

Überleben heißt
Von vorn zu beginnen
Tag für Tag

Arbeiten
Und doch
Unsichtbar sein

Zaghaft
Betritt die ältere Dame
Das Zugabteil

Was passiert mit den
Dingen
Nachdem ich sie
Fotografiert habe?

Erster Mai
Taijiquan Session im Garten

Die Zusammenstellung folgt keiner Systematik
Keinem Programm
Auch keinem speziellen Quellenkorpus

Remise

Es gibt keine
Gewissheit
Dass das Verschwundene
Auch wirklich weg ist

Marginalie
Des Verschwundenen

Die Alpen
Sind eine hochsubventionierte
Randzone
Für den Ausnahmezustand
Ferien

Füglich

Was kalkulierbar ist
Ist computierbar
Kann reguliert
Und diszipliniert
Und reproduziert
Und sterben gemacht
Werden

Arbeiten

Ausruhen

Arbeiten

Ausruhen

Arbeiten

Ausruhen

Arbeiten

Ausruhen

Arbeiten

Ausruhen

Arbeiten

Ausruhen

Arbeiten

Ausruhen

Arbeiten

Ausruhen

Arbeiten

Ausruhen

Arbeiten

Ausruhen

Arbeiten

Ausruhen

Arbeiten

Ausruhen

Auslösen
Newsletter

Daniel Etter
Feldversuch

Eines Tages
Eines Tages
Werden sie mich finden
In den Feldern
In den Wäldern
In den Strassen
Tot

Aus der Zeit fallen

Versprechen
Und seine Folgen
Newsletter?

Voller Hoffnung
Wollte ich kein
Optimierer sein
Der sein Leben
Vergisst zu leben

Bevor
Man etwas findet
Was
Man verloren hat
Muss
Man es erst suchen

Ich bin unendliche
Wege gegangen
Mit den Menschen
Und ihren Gedanken
Und Erzählungen
Und Überlegungen
In meinen Büchern

Klassifizierung aller Fotografien
Nach Vorbild
Einer gewissen chinesischen Klassifizierung von Tieren
Wie Borges und Foucault sie wiedergegeben haben

4WF – Die vier wesentlichen Entscheidungsfragen
1. Gibt *es* dir Zärtlichkeit und Frieden?
2. Gibt *es* dir Lebensfreude und Energie?
3. Gibt *es* dir Bleibefreiheit und Selbstbestimmung?
4. Gibt *es* dir Ruhe und Halt?

Natürlich wurde ich sehr berühmt
Menschen auf der ganzen Welt
Benannten Neugeborene nach mir
Ich werde dann glücklich geworden sein

Botschaften des Alltags

Klub der letzten fünfundzwanzig Sommer

Werde ich länger leben

Wenn ich

Hin

Und

Wieder

Eine Gehirnhälfte

Ausschalte?

20. Ausstellung der Zweitdisziplinären
Fotografieabteilung

Der absurde

Bittere

Trost

Des aufrichtigen Untertans

Im kapitalistischen Regime

Spricht die Hoffnung aus

Nach dem Tod

Auf der anderen Seite

Das zu finden

Zu leben

Was man sich im Diesseits

Verwehrt hat

Leergesprochen
Und
Vollgehört

Fotografische Beweise meiner Existenz

Das
Was gerade möglich
Ist
Gut
Machen

Angst ist ohne konkrete Gestalt

Von Triggern
Oder Triggerpunkten
Zu sprechen
Ist eine Art des Denkens
Die solche Dinge von vornherein ansieht
Wie Naturkatastrophen
Über die man Voraussagen machen kann

Wie über Wirbelwinde
Oder Wetterkatastrophen
Da steckt bereits eine Art von Resignation drin
Durch die man sich selbst als handelndes Subjekt
ausschaltet
(Frei nach Adorno, Aspekte des neuen
Rechtsradikalismus)

EINFOTOREICHT
Jeden Tag
Das Spannende
Alle Fotos sind von mir
Jeden Tag

Reichtum bedeutet
Die vielfältigen
Verwendungsmöglichkeiten
Der Dinge
Zu kennen

Bisweilen den gesunden Menschenverstand anzweifeln

Wissen und Weisheit zu unterscheiden wissen und
weise handeln

Momentweise stottern

Diskret wie ein Bleistift

Beobachte die Natur
In aller Ruhe
Und höre zu

Um den richtigen
Zeitpunkt
Zu erwischen
Gammeln

Muss immer alles denken
Das anderen genügt zu fühlen

Mikrotopia erschienen
Leichte Kost
Als Betthupferl
In Erinnerungen schwelgen

Frage mich
Woher der Autor weiß
Dass bei Klaus S. ein Bekennerschreiben
Von einer Tat
Die nie begangen wurde
Bei einer Hausdurchsuchung
Gefunden wurde

Oft tat ich nichts anderes
Als mir den ganzen Tag
Zu applaudieren

Schon lange trank ich nicht mehr
Wie verrückt

Die alten Zöpfe der
Vergangenheit

Trage ich im Koffer
Bei mir

Aus einem
Begehren
Ergibt sich das nächste
Begehren
Aus dem sich das nächste
Begehren
Ergibt
Eine endlose Hatz
Der Begierden
Und ein volles Herz

Es kommt auf die Haltung
Den zehntausend Dingen gegenüber
An

In den Dialog
Mit der Natur
Mit den zehntausend Dingen

Eintreten
Sich hinsetzen
Und nachdenken

Anderen
Keine Argumente
Aufzwingen

Auf die Tiefe der
Gefühle
Der Zärtlichkeit
Der Beziehung
Kommt es an

Nicht hetzen
Nicht trödeln
Einfach
Die richtige Zeit finden

Eine Blume halten

Lächeln

Coaching
Sozialtechniker
Manipulator
Texte
Dazu Seek heranziehen

WAS und WIE
Gestaltung von Welt
Newsletter #33
Thema: Mit der Kybernetik auf Du und Du

Der Auftrag an den Künstler
Seek, S. 169, 1. Absatz
Auf die heutige Zeit adaptieren
Insbesondere Coaching
Etc.

Seek, S. 172:

In der Folge sollte daraus, begünstigt durch einen rasenden Amateurismus und einen weltweit vernetzten Kunstmarkt, ein freidrehender Leerlauf und ein permanentes Rauschen entstehen, das in fortwährender Wiederholung und Variation des Immergleichen die potenzielle Unendlichkeit darzustellen versuchte, deren Parameter durch Wissenschaft und Technologie vorgegeben waren.

Die damit verbundene Leere lieferte aber die gewünschte ästhetische Illustration einer technologischen Notwendigkeit, denn ununterbrochene Modernisierung war eine der Waffen in einem Kalten Krieg, der auch ein Wettlauf um die bessere Informationsinfrastruktur war. Und hierfür war, wie für das von Kunsthistorikern wie Schapiro favorisierte Modernismuskonzept, vor allem das Wissen um die Funktion und Bedeutung von Zeichen entscheidend.

Kurze Notate anfertigen

Kurzgeschichten

Hemingway

An der Nordsee

Für Knotenpunkte

metalabor

Eine neue Art zu denken lernen

Das Lesen
Der Zeichen
Des Gegners

Seek, S. 189 ff. für Aufruf metalabor

Figur-Grund-Relation in der Fotografie

Herzchenhippie

Nachrichten
Die ich nicht erhielt

Sein Schwerpunkt ist die Schwarz-Weiß-Fotografie, die er sich, inspiriert von seinem Kunstlehrer, selbst beigebracht hat. Inspiration findet er in Dingen, Träumen oder Gedanken. Naiv und ehrgeizig schafft er seine eigenen Wahrheiten.

Manchmal
Schaue ich in der winzigen
Welt meiner Gedanken
Nach

Es gibt keine Zen oder Haiku Fotografie. Fotografien
so zu nennen oder zu kategorisieren ist albern. Die
technischen Apparate sind Spezialwerkzeuge, mit
denen Fotografien erzeugt werden können, die durch
Detailtreue zu überzeugen wissen. Digitale Bilder sind
hyperreal. Sie zeigen mehr, als das Auge erfassen kann.
Sie können einen nie dagewesenen Farbraum abbilden.

Im Zen sagen wir, dass es nur schwarz-weiss benötige,
um die Welt in allen Farben darstellen zu können. Der
Versuch, etwa ein Rubinrot abzubilden, wird scheitern,
weil der Künstler niemals das Rubinrot abbilden kann,
das der Betrachter sieht. Ein Haiku erzeugt mit
wenigen Silben einen ganzen Kosmos. Fotografien wird
man niemals so reduzieren können, dass sie einem
Haiku gleich, mit wenigem viel ausdrücken können.

Morgennebel

Newsletter 32 versendet
Rückmeldung von H.
Erfreut mich

Erste
Längere
Pause
Bei Kilometer 14,3
Alles schmerzt
Denke ans Aufhören

Später dann
Als ich die Nordroute erwandert habe
Breche ich ab

Erkenntnis:
12 Kilo Gepäck wollen trainiert sein

Regeneration

Wenn Vergangenes
Nicht vergessen wird
Gibt es keine Hoffnung

Pflanzen umgesetzt

ReD = Radical emphatische Dudes

Die Welt als ein Uber-System sehen
Das von unendlich vielen kleinen
Miteinander interagierende
Sub-System
Bevölkert wird

Circadiane Rhythmik

Ordnungswille
Der Technik

Montagsprotokolle
Machen Veränderung sichtbar

Freude am Leben
Newsletter #34

Im Garten
Taijiquan-Pirouetten drehen
Und sich an den Pflanzen erfreuen
Als ob die Pflanzen
Von allein gedeihen
Die Sorge um die Pflanzen
Der Frau zu übertragen
Die das doch so gerne macht
Heißt
Ganz in patriarchalischer Manier
Sorgearbeit
Nicht
Zu übernehmen

Zeit teilen wir immer
Mit anderen

Wenn man nie stürbe
Wären alle Projekte sinnlos

Nie hörte ich auf
Mich zu verlaufen

Genüssliches Bleiben.

Auf die Resonanzen
Des Motors achten

Weltwahrnehmung
Nicht
Weltaneignung

Lausche den Dingen

Erfüllte Zeit

Mit dem Erwachsensein
Bedeutet
Fähig zur Selbstbefreiung
Zu sein
Und dabei zu wissen
Dass wir voneinander
Abhängig sind

Nicht das einzelne Leben
Muss sich ändern
Es sind die Zeiten
Die sich ändern müssen
Das braucht Ausdauer

Regelverstoß
Kleiner Almanach der Gegenläufigkeit
Newsletter #35

Zurück aus Köln
E. wollte dort Probeliegen
Kaffee getrunken

Taijiquan der kleinen Gesten

Jederzeit verschwinden
Können

Der Weg ist eine
Wirkung
Keine
Ursache
(Torbjøn Ekelund, Gehen)

Das Eigenleben in der Mondstrasse
Kapitel Eins: Luki meldet sich aus dem Jenseits

Jeder Mensch benötigt Coaching

Ist fotografieren eine Verhaltensstörung?

SAUBERKEIT
IST DIE ÄSTHETIK DER
UNTERDRÜCKUNG

Ein fortgesetzter
Richtungsloser Bericht

Lärm in der ersten Klasse

Aber Nein – Aber Ja
Sich irritieren lassen – Newsletter #34

Handlungslückenanweisungen

Die Sonne geht
Morgens auf
Abends
Unter

Zugespitztheitssätze

Mit dem Newsletter 35 angefangen
Textcollage
Textmontage

Stotternder Anfang
Dann läuft es

Weltgefühl

Müdigkeit

Ana Pepelnik
nicht fisch

Wörter sagen
Die keiner versteht

Scheiß Lohnarbeit
Sage ich
Und würde am liebsten nicht arbeiten
Und sagen
Scheiß Lohnarbeit

Alles ist alles
Und nicht alles

Der Sommer ist ganz nah
Ganz nah

Dann sind die Bäume weg
Fünf an der Zahl
Beim Nachbarn
Den sechsten hatte es im letzten Sturm umgeweht

Anverschmuddelt
Bahnhofsviertel

Es gibt keine Ordnung
Alles liegt herum

Absurde Aufblähung

Dann wird man verhört
Ich
Der Neue
Der Dazugekommene

Es muss fertiger Text entstehen
Sagt einer

Musik aus meinem Bauch

Neu loslegen
Neu
Wie immer
Neu

Sätze wollen
Dich denken
Dich fressen

Leben und Fotografieren
Hin und zurück – Newsletter #36

Und dann
Und dann ist da

Das religiöse
Das evangelikale
Wegdenken der Welt

Jedes Ding
Hat seine
Zeit
Die in
Seine Entstehung
Eingeflossen ist

Tektonische Karambolagen

Fotografieren ist
Wie überhaupt jedes Tun
Wie auch das Nicht-Tun
Wie auch das Gammeln
Eine Suchbewegung

Die Kunst der Suchbewegung
Thema für einen Newsletter

Der Fotoapparat zwingt mich
Genau hinzusehen
Und dann das Foto computieren zu lassen
Fotografieren heisst
Ereignisse der Wirklichkeit zu entreißen
Damit man sie anschauen kann
Schauen ist eine kontemplative Suchbewegung
Sie gibt keine Antwort
Schauen umkreist fragend das Ereignis
Dass das Foto festhält

Alle Newsletter in einem Buch zusammenfassen
Suchbewegung
Fotografieren und Gehen

Das Schreiben üben. - Schreiben heißt veröffentlichen,
zuerst vor sich selbst. Das in einem Befindliche, die
Wahrnehmungen und Gedanken, treten dem Schreiber
im Geschriebenen offen sichtbar, klar fixiert gegenüber,
erst dort kann er die Worte, die bisher nur in ihm
waren, als gedachte oder gehörte, auch wirklich
SEHEN.
(Rainald Goetz, wrong)

Dieses Zitat auch im Coaching verwenden.
Es passt, abgewandelt, auch zu Fotografie.

Fotos stellen Ereignisse dar
Fotos wollen gesehen werden
Es reicht also nicht
Einfach zu schauen
Der Fotograf muss sehen
Wirklich hinsehen
Mit allen Sinnen
Um ein wirklich gutes Foto
Zu machen

Zu wissen
Was ein Ereignis zum Ereignis macht
Was das innerste zusammenhält
Das ist unabdingbar
Um gute Fotografien zu erzeugen

Wie schult man die Fähigkeit
Ereignisse zu fotografieren?
Durch Zärtlichkeit
Das Grundlegende ist Zärtlichkeit
Ohne Zärtlichkeit
Kein Verstehen
Keine Liebe
Kein Mitgefühl
Ohne Zärtlichkeit
Bleibt dem Fotografierenden nur Technik
Bildaufbau
Und anderer Hokuspokus

Kreisende Zeitläufe
Gezeiten

Leiter der Tüftel-AG

…

Die Reise gestaltete sich mühsamer, als ich angenommen hatte. Stop-and-go auf der Autobahn. Nur unterbrochen von heftigen Regenschauern. Kampmann hatte mich eindringlich gewarnt.

An definierten Landmarken musste ich von der Autobahn abfahren und in öffentlichen Pissoire nach Hinweisen zur nächsten Landmarke suchen. Der Griff in tief verdreckte Latrinen wurde mir zur Gewohnheit. Irgendwann in der Nacht kam ich an.

…

Ich war nicht zum Spaß hier. Ich suchte Sachs. Und ich musste ihn finden, bevor andere es taten. Das BKA. Der Verfassungsschutz. Wer weiß sonst noch, wer alles hinter ihm her war. Der gesamte Staatsschutz. Und die braune Mischpoke.

Ich setzte mich an den Schaf-Decoder und wartete darauf, dass die Schafe blökend und graszupfend durchs Sichtfeld trabten. Zur richtigen Uhrzeit ergaben die Schafe eine Botschaft, die ich mithilfe des Schaf-Decoders zu entschlüsseln hoffte. Kampmann kabelte nicht mehr. Er schickte Schafe.

…

Sachs meinte mal, man müsse eine Feldlerche nur ordentlich packen und den Hals in die richtige Richtung drehen. Fest und mit einem Ruck. Und schon würde man Radio Moskau empfangen. Daran musste ich denken, als ich durch die Salzwiesen lief und das eintönige Tirili der Feldlerchen ertrug.

Keine Schafe. Keine Botschaft.

Sachs war auch nicht aufgekreuzt.

...

Dauerregen. Ideal, um Meisterwerke der
Ingenieurskunst zu bestaunen. Mit meiner Leica legte
ich mich auf die Lauer und beobachtete das Sperrwerk.
In der Ferne waren Detonationen zu vernehmen. Sachs?

...

Am Abend saß ich im Garten. Jeden Abend. Trotz
Regen war es erstaunlich warm.

...

Ich sollte nicht so viele Notizen machen. Am Ende
würde sich die Arbeit nicht lohnen. Wieder keine
Schafe. Dafür Kitesurfer und Ziegen vom Owambohof.
Die Bäuerin grüßte mich. Führt sie etwas im Schilde?
Versteckte sie Sachs? Es wäre nicht das erste Mal, dass
Sachs sich vor den Augen der Menschheit versteckte. Er
war ein Meister der Grauen Männer.

...

Ich verbrachte den Tag damit, den Schaf-Decoder neu
zu justieren. Eine schweißtreibende Angelegenheit. Zu
Mittag gab es Suppe vom Vortag.

...

Am Strand befanden sich die Latrinen in
schwindelerregender Höhe. Der Wind hatte alle Türen
aufgestoßen. Sonnenstrahlen fielen durch die Ritzen
des Dachs. Kein Rentner würde sich in diese Höhe
wagen.

...

Unweit der Latrinen lag ein Fotograf mit einem
mächtigen Objektiv auf der Lauer. Er hatte Surfer vor
der Küste im Visier.

...

Ziemlich was los. Heute. Eine Menge Einsatzfahrzeuge brausen an meinem Unterschlupf vorbei. Feuerwehr. Rettung. Polizei. Das ganz große Besteck. Ein Hubschrauber unterstützt aus der Luft.

…

Auster nervte mich. Er wusste alles besser. Auch dieses Mal. Im Grunde jedesmal. Wo Sachs war, wusste er allerdings nicht.

Als ich Auster kennenlernte, schneite es. Das war vor vielen Jahren. Wir hatten beide eine Einladung zu einer Lesung. Auster las aus _Leviathan_ vor und ich stellte die Geschichte der RDS vor. Auster gefiel die Geschichte. Von da an nannten wir uns Freunde. Wir schickten uns jeweils das neueste Buch. Und uns verband die Suche nach Sachs.

Abendgeläut
Sauberer Himmel
Wolkenlosigkeit
Leichte Brise
Mauersegler turnen

Ich bin mir sicher
Das soeben
Ein Mauersegler
Mir ins Auge geschissen hat

Mit den Augen Schnappschüsse machen

Bäume streicheln

Die fünf Kriterien des Taijiquan
Ruhe
Leichtigkeit
Langsamkeit / Behändigkeit
Gewissenhaftigkeit
Ausdauer

Neuerdings
So berichtet man mir
Bringen gewisse Personen
Personen
Die schlecht denken
Die schlecht reden
Die schlecht schreiben
Den Maschinen
Das Schreiben
Das Reden
Das Denken
Bei

Heute hier
Morgen da
Wie das Kapital es will

Innovationsdenker ignorieren den Bummelstreik

Den Tag umgehen
Wie die Stadt
Das Land
Den eigenen Namen

Taktik ohne
Strategie

Bakteriengemeinschaft

Nicht graben!

Lernen
Den Steinen ihre Zeit
Abzulesen

Regeneration
Vs.
Reproduktion

Den Druck der Gezeiten spüren

Rumspringer

Elektrische Neue Ordnung

Gelassenheit

Besonnenheit

Innerer Ruhe

Sich niederlassen

Sich ruhig benehmen

Maßvoll in der Gemütsbewegung sein

Abgeklärtes Wesen

Gleichmut

Das seelische Gleichgewicht bewahrend

Beherrscht

Gefasst

Unerschüttert

Leidenschaftslos

Die dünne
Linie
Zwischen
Gelassenheit
Und
Drama

Regeneration
Ist vermittelt
Über die Welt

Freiheit besteht darin
Nährende Verhältnisse
Auf der Erde zu finden
Nicht ihr zu entfliehen

Für alle Hüter des Feuers

Sich ans Erinnern
Erinnern

Lieder des Erinnerns
Bringen wir zum Klingen
Durch sanfte Bewegungen
Angeleiter durch die
Gezeiten

Der Imperativ des individuellen Überlebens
Ist eine Schimäre

Die Welt spricht zu mir
In Metaphern
Die ich
Sobald ich sie aufgenommen habe
In Bilder transformiere

In der Schenkökonomie des metalabor
Ist das Selbst
Sind die Teilnehmenden
An ein Bündel Verantwortungen
Gebunden

Erst unsere
Meine
Wahrnehmung
Macht die Welt zu einem Geschenk

*Die Geschichten, an denen wir unser Verhalten
orientieren, haben auch für die Zukunft
Konsequenzen.*
(Kimmerer, Geflochtenes Süßgras)

Wenn Fotografen
Außerhalb ihres Studios Fotografien anfertigen
Nennt man diese Exkursion
Streifzug

Die Metaphern
Anderer Leute
Aufsammeln
Die am Wegesrand
Liegen

Metapherium

Verstehen
Kann erst dann gelingen

Wenn wir mit allen Aspekten des Seins
Wahrnehmen
Verstand
Körper
Emotion
Geist

Heimisch bin ich an einem Ort
Dessen Sprache ich spreche

Mit wem soll ich
Überhaupt
Noch
Reden

Was
Wenn die Dinge
Nicht tot wären
Wie es uns unsere Sprache
Suggeriert
Wenn alles lebt
Und die Nomen
Verschwänden
Und die Verben mehr würden
Und wir mit den
Dingen und
Den Orten
Und den Gezeiten
Leben und
Pulsieren würden
Was sie unwidersprochen
Auch tun
Und unsere Sprache sich
Ändern würden zu
Einer Sprache des Lebens

Das Universum
Ist eine Gemeinschaft
Von Subjekten

Die Konzepte von
Erwachen und Erleuchtung
Feiern die Erkenntnis
Und den Drang
Etwas Besseres zu sein
Wie sanft ist daher
Das Konzept des Erinnerns
Wir erwachen nicht
Wir erinnern uns bloß
Das Eins-sein mit den Dingen
Unsere erste Natur ist

Eine Grammatik der Belebtheit

Von den Eichhörnchen lernen

Es gibt keinen Schmerz
Den Zärtlichkeit
Nicht
Heilen kann

Benennung
Ist der Anfang von
Von Gerechtigkeit

Nächstes Fotoessay: Wald

Das Altern als
Schrittweise
Bereicherung
Begreifen

Praktiker-Theoretiker

Außenweltkontakte

Verbundenheit

Neue Formen von

Wiederherstellen

Verbunden *Sein*

Und

Wieder

Mit der Welt

In Verbindung treten

Einst bin ich ein Knabe, ich bin ein Mädchen gewesen,
Busch und Vogel und Fisch, der warm aus dem Wasser
emporschnellt.

(Empedokeles)

Verbrechen

Fotos von Orten

Darunter jeweils eine Meldung eines Verbrechens

→ Fotoessay

S. a. S. 100ff. In: Festival für Fotografie Leipzig 2016

Die Welt
Als gemeinsames
Ganzes
Wahrnehmen

Teil
Der Träume
Der Ahnen
Sein

*Die Frage lautet also nicht, warum wir hier sind,
sondern wie wir am kraftvollsten den Zeiten begegnen
können, deren Teil wir sind.*
(Sherri Mitchell, Aktivismus heißt Verbindung)

Zärtlichkeit
Ist
Wenn man gibt
Was man nicht
Hat

Das Andere

Das einlädt

Den zweiten Satz zu lesen

Die nächste Fotografie zu betrachten

Die Dinge zu verbinden

Aus Ereignissen

Geschichten

Und Erzählungen

Zu formen

Es sind die

Defekte

Im Kapitalismus

Warum die Dinge

Überhaupt noch

Funktionieren

Der Sinn der Mitteilung
Ist nicht die
Mitteilung
Wie der Sinn der Fotografie
Nicht die
Fotografie
Ist
Wie auch
der Sinn des Geschriebenen
Nicht das
Geschriebene
Ist

Anders als der Regelverstoß
Wirkt die Subversion
Im System
Nicht auf das System
Und hat so die Kraft
Das System
Zu verändern

Mit dem Newsletter #36 angefangen
E. wässert die Pflanzen im Garten
Tauben gurren in den Bäumen

Wenn die Niagarafälle schweigen
Das Schweigen der Niagarafälle

Café Leitz

Was ist Lesen?
Was ist Denken?
Was ist Reflektieren?
Was ist Lernen?
Was ist Handeln?

Suchbewegungen
Newsletter #37

Gelbe Teichmummel

Gegenseitigkeit hat Bestand
Das Eine existiert durch das Andere

Dann sitze ich im Bus auf den Weg nach Wiesbaden und ich sitze nicht allein im Bus und es steigen immer mehr ein und dann ist der Bus voll mit Menschen, mit Kindern, mit Müttern, mit Ausflüglern, mit Alten und Jungen und Trunkenen und Kranken und der Bus fährt gemächlich durch die Landschaft und die Luft im Bus wird stickig und es ist laut und es stinkt und alles ist voll brodelnder Energie und Kraft und dann bedanke ich mich für die Kraft und Energie und ich bedanke mich bei dem schreienden Kind und dem übel riechenden Herrn und den Ausflüglern und dem Busfahrer für all diese Energie und Kraft, an der ich teilhaben darf und auf einmal bin ich nicht mehr genervt und voller Gram, sondern voller Freude und ich bin, ich bin in Verbindung mit den Menschen in diesem Bus.

Während
Draußen
Tausend Tänzer
Tanzen

Aventîure

*In der Intimität unserer Wohnungen schließlich
erlauben uns Bilder, von Satelliten ausgesendet und von
Antennen aufgefangen, die nun die Dächer der
entlegensten Dörfer zieren, einen augenblicklichen und
oft zeitgleichen Blick auf Ereignisse, die gerade am
anderen Ende der Welt stattfinden. Wir ahnen sehr
wohl, welchen Pervertierungen oder Verzerrungen eine
Information ausgesetzt sein kann, deren Bilder so
selektiert sind; sie können nicht nur, wie man sagt,
manipuliert werden, das Bild (das nur eines unter
tausend gleichmöglichen ist) übt auch einen Einfluss
aus, seine Macht reicht weit über die objektive
Information hinaus, deren Träger es ist. Außerdem
mischen sich auf den Mattscheiben der Erde tagtäglich
Bilder der Information mit solchen der Werbung und
der Fiktion, deren Zielsetzung zumindest im Prinzip
nicht dieselbe ist und die vor unseren Augen eine in
ihrer Vielfalt relativ homogene Welt erstehen lassen.*

(Marc Augé, Nicht-Orte, München, 2019)

Drei Figuren des Übermaßes in der Übermoderne:

1. Die Überfülle der Ereignisse

2. Die Überfülle des Raumes

3. Die Individualisierung der Referenzen

In allem den

Lebensfaden

Zurückverfolgen

Das eigene Leben vollziehen
Umherschweifen
Aufsaugen
Aufmerksam
Wachsam
Übertrieben
Die Lage klären
Standhaft sein

Die Meisen
Wollen nicht
In der Sonne baden

Nicht müde werden
Nicht müde werden sondern dem Wunder leise
wie einem Vogel
die Hand hinhalten.
(Hilde Domin)

Die Krise
Ist
Ein in das Gewöhnliche
Eingelassener Prozess

Regime
Der erzwungenen
Glückseligkeit

Sackgasse
Der Gegenwart

In sich selbst
Fortsetzende Kreise
Von Geben und Nehmen

Vom Leben
Gelangweilt
Am Leben
Leidenschaftslos
Unbeteiligt

Gelegentlich
Hängt ein
Winziger
Splitter Mond
Im Geäst

Ahornzuckermond

Bäume
Sind
Die stehenden
Menschen

Sascha Büttner wurde 1947 in Wiesbaden, Hessen, geboren. Er studierte das Leben auf Wiesbadens Straßen und verbrachte nach dem Studium einige Jahre in zahllosen Kaschemmen.

International bekannt wurde er mit seiner Arbeit «Wiesbadener Raum». Sein umfangreiches, vielfach unbeachtetes Werk umfasst neben zahlreichen Publikationen auch Installationen und Provokationen sowie Abwesendes.

Die Welt
Silbern
Umspült
Vom Mond

Ostsüdost

Walrückenhügel

Geistertrassen

Alles ist gesagt
Wofür man Worte hat

In meiner Hosentasche
Schläft ein Hund
Wir kennen uns schon länger

Weltwahrung
Frieden
Solidarität

Einander
Mit
Offenheit
Und Wohlwollen
Begegnen

Im Qigong
Holen wir innere
Prozesse
Ins Außen

Alltägliche Gesten
Praktischer
Hochachtung

Mehr sehen und weniger tun

Hör auf Fragen zu stellen
Und sei still
Wenn du eine Antwort hören willst

Das Taijiquan der kleinen Gesten
Wehrt Schaden ab
Ohne Gegenschaden
Zu verursachen

Wir reden von «Triggern»

Und meinen damit

Unsere Aggressionen

Die wir gelernt haben

Um auf unangenehme Gefühle

Zu reagieren

Ziel des aggressiven Verhaltens

Ist immer der Andere

Den wir als Verursacher des unangenehmen Gefühls

Verantwortlich machen

Wie angenehm und friedvoll

Ist demgegenüber doch die Geduld

Wir müssen also unsere Geduld trainieren

Dann wird es auch weniger «Trigger» geben

Und weniger Aggression

Geduldig zu sein

Heißt

Aus dem Herzen zu handeln

Aus dem Herzen zu handeln

Heißt zärtlich zu sein

问 Wen: Das Recht zu fragen

天问 Tiān Wèn (Den Himmel fragen)

圣旨 Dekret des Kaisers

Ihr Tagebuch
In meinem Kopf

Ich sitze im Garten
Nicht weit vom Berg
Und zerquetsche Läuse

Der Weg
Das Dao
Ist das Resultat
Einer organisierten
Bewegung

Reziprozität

Rezidiv
250 mg Flecainid
2300 Rhythmus wiederhergestellt

Arten-Einsamkeit

Der heißeste Tag
Dann Gewitter
Den Gang zur Buchhandlung erspare ich mir

Ideen stoben durch meinen Kopf
Ich könnte eine neue Buchserie auflegen
Oder das Magazin für Alles in neuem Format auflegen
Oder das Format nicht ändern
Oder wirklich eine neue Buchserie
Nur mit Fotografien
Oder doch wie das Magazin für Alles?
Ich werde mir nicht Eins
Kann mich nicht entscheiden
Meine
Dass ich mich
Festlegen
Müsst
Tue es dann aber nicht
Noch nicht

Ich verzettle mich
Zusehends

*Ich mache Bilder, um mich daran zu erinnern, wie ich
mich fühle.*
(Margaret Durow)

So leben
Als käme es
Auf die Zukunft
Der Kinder an

Da die Zeit
Um sich selbst
Kreist

Steine aber
Kennen die Bewegungen
Der Menschen
Sie wissen um ihre
Suchenden Schritte
Und bieten Halt

Warum bin ich
Nicht einfacher
Könnte ich nicht
Einfacher
Will ich denn
Einfach
Einfacher sein

Der erste Satz ist wichtig
Immer nur der erste Satz
Nein
Das erste Wort
Das erste Wort
Hört man es
Als ich auf die Welt kam

Ich weiß nicht
Was sie
Bezweckte
Als sie das
Re
Von Sonanz
Entfernte
Und Sonanz
Übrig blieb

Ein Rotkehlchen
Ein noch junges
Setzt sich auf die
Lehne des Gartenmöbels
Und schaut mich an

Es ist schon ärgerlich
Wenn der Baulärm
In meine Mußestunde
Hineinlärmt

Lange vermisst
Heute wiederentdeckt
Die kurze
Knackige
Parole
Am Ende eines
Politischen
Aktivistischen
Textes
Scheinbar ein
Linker
Reflex
Ein Muster
Der Wiedererkennung

Interventionsrede

Wie kann ich helfen
Mich wieder loszuwerden

Geschichten vom Totschlagen
Der Zeit

Der Lärm
Der unbestimmten
Bewegung

Die Eile
Wir müssen
Die Eile
Verlernen

Reziprozität

Pragmatiker
Mit
Individualistischen
Anwandlungen

Der
Klug
Hans
Effekt

Der
Mythos
Von
Der
Freischwebenden
Intelligenz

Atlas der Fotografie

Selbst
In sich
Einkehren

Heute den Newsletter 37 versendet (Beobachtungen)
Und zugleich Nummer 38 geschrieben
Monatlich nun immer Beobachtungen versenden

Mit einem Schlag
Waren alle Busfahrer krank
Alle 12 auf einen Schlag
Die Presse meldete es
Das Abendblatt
Die Morgenpost
Was selten war
Der Verkehr auf den Linien Eins, Zwei, Drei
Musste eingestellt werden
In der kleinen Stadt herrschte gespannte Ruhe

Die Sperlinge zeigten am Morgen
Ein seltsames Verhalten
Sie schmückten sich mit
Pfauenfedern
Und stolzierten
Durch den Garten

Der Nachbarshund hat
Beef
Mit seinem Besitzer

Ich schreibe mir eine
Postkarte
Mit dem Spruch
Ich bin hier!

Strategische Vergesslichkeit

Ich lief die erste Form
Als ein dunkler Federknäuel meine Aufmerksamkeit
beanspruchte
Eine junge Amsel hatte sich zusammengerollt
Ich klatschte in die Hände
Um sie zum Aufbruch zu bewegen
Sie sah mich nur müde an
Ich lief weiter meine Form
Die Amsel begleitet meine Bewegung durch
krampfartige Bewegungen
Mal lag sie auf dem Rücken
Mal flatterte sie
Dann sah sie mich lange an
Später lag sie einige Meter weiter
Tot und starr auf dem Rasen

Im Meeting
Darauf warten
Dass alle aufhören zu reden
Um anzukündigen
Dass man nach Hause geht

Berechnungsvorschrift

Newsletter 39 versendet

Die
Gesellschaft
Als
Digitale
Fabrik
Denken
Verstehen

Wenn

Du im

Taijiquan

Etwas

Erreichen willst

Hast Du

Dein Ziel

Verloren

Zen

Wie jede

Andere Religion

Als Weg der

Disziplinierung

Der Arbeit

Verstehen

Universalgelehrter

Schon Tage später
Wird die morgendliche
Fahrt
Nach Frankfurt
Teils im Dunkeln
Erlebt
Erst in Niedernhausen bricht
Die Morgendämmerung durch

Der Fotografie
Wohnt ein
Algorithmisches
Einer strikten Rechenvorschrift
Einem schematischen Rechenverfahren folgendes
Denken
Inne

Tod / Versuch über den Tod
Fotoessay
Bilder ohne Menschen / Abwesenheit von Menschen

Zeremonien fokussieren die Aufmerksamkeit, und aus Aufmerksamkeit wird Absicht. Wenn wir uns gemeinsam aufstellen und vor unserer Gemeinschaft etwas bekennen, wird es verbindlich.
(Robin Wall Kimmerer, geflochtenes Süssgras)

Alle Menschen

Lächeln

Wenn wir uns

dem Alkohol

Ergeben

Manchmal

Streife ich umher

Habe Visionen

Und singe im Schlaf

Schauen
Wo
Für
Andere
Blind sind
Lauschen
Wo
Für
Andere
Taub sind

Narrheit
Vortäuschen
Um sich
Vor dem Irrsinn
Der Zeit
Zu schützen

Manche glauben
Heute werde die
Demokratie zu Grabe getragen
Die Schatten der Vergangenheit steigen
Aus ihren Grüften
Die ewig Gestrigen
Bringen Unheil über uns
Es stehen dunkle Jahre an
Wie schon Millionen anderen
Die die Überfahrten
Überlebten

Es ist ein ganz friedlicher
Sonntag
An dem das Kapital
An dem die Bourgeoisie
Ihre Kettenhunde
Von der Leine lassen
Soweit
Nichts Neues
In Deutschland

Ich konnte
Monatelang
In schlafähnlicher
Trance
Verharren
Während die Welt
Sich unaufhörlich
Drehte

Die Ruhe pflegen
Ruhe
Gelassen -heit
Natürlich-sein
Natürlich handeln
Nichts erzwingen
In der Meditation
Der Ruhe
Der Gelassen -heit
Erfahren
Was natürlich ist

Bewusstseinszustände
Die als sublim
Zu bezeichnen sind

Man rät allgemein
Bis auf Wiederruf
Nur abgekochtes Wasser
Zu sich zu nehmen

Sein
Kämpferisches Ungestüm
Beruhigen
Und
Aggressivität in
Nicht-Handeln
Umwandeln

Wenn es keine
Stelle mehr gibt
In die der
Tod
Eindringen kann

Die Reise im Sternbild
Des
Großen Wagen

Spätsommernachmittag
Mehlschwalben
Sammeln sich hoch oben über dem Haus
Drehen ihre Pirouetten
Sammeln sich
Und fliegen weiter
Lange noch klingt ihr tschilpen
In mir nach

Längst

Hatte ich

Mein Ich

Meinen Ehrgeiz

Überwunden

Anerkannt zu werden

Als Mensch

Als Autor

So sagt man heute

Als Schriftsteller

Das wäre zu hoch gegriffen

Als Unternehmer

Schlimmer noch

Als Geschäftsmann

Als Lebemann

Als Fotograf

Gar als Künstler

Entspannung

Ist der Schlüssel

Zum inneren

Frieden

Mache

Den

Geist

Zu

Einem

Einfachen

Punkt

Wenn

Kein

Begehren

Entsteht

Ist

Dies

Der

Zustand

Der

Vollkommenen

Geistesruhe

Yang ist die Bewegung

Yin ist die Ruhe

Von der Geburt zur Kindheit

Dann zur Reife und zum Tod

Alle Dinge folgen ihrem Lauf

Wieder in den Bergen
Dauerregen
Erster Spaziergang
Der eigentlich eine Wanderung hätte sein sollen
Dreckig ist es im Haus
Erstaunt bemerke ich
wie es mich anwidert

Am Morgen
In den Bergen
Taijiquan
Wolkenverhangen
Frische Temperaturen

Ich wandere
Wie Basho
Von Hütte zu Hütte
Und komme doch
Immer wieder
Bei derselben Hütte
An einen Teich
Ein Frosch hüpft hinein
Das Geräusch des Wassers

Der Drang
Ordnung
Durch Versiegelung
Von Grund und Boden
Herzustellen

Martin stapfte in Unterhose und Oberhemd
Durch den Garten
Telefonierte mit seinem Geschäftspartner
Steuerte seinen Mähroboter
Vergaß seine Gäste
Sehnte sich nach einer Frau
Die er jüngst vergrätzte

Bitte
Erleuchte mich

Abwesend
Unsichtbar
Die Rolle des Fotografen

Das Zeitmaß
Unterscheidet die Welt
Die Menschen
Von anderen
Lebewesen

Das metalabor ist ein Ort für die fruchtbare
Zusammenarbeit von
Künstlern
Schriftstellern
Gammlern und Taugenichtsen
Wissenschaftlern und Philosophen
Deren Erträge in einer Vielfalt von Kulturereignissen
Ausdruck finden

1) Wir haben maximal
Nur eine ungefähre Ahnung davon
Wie sehr binäres Denken
Unsere Alltage durchdringt
2) Binäres Denken ist die Basis
Des gewaltvollen Denken; es verneint den Dialog

Taunuswaschanlage

Zwei Männer unterhalten sich
Im Zug
Reproduzieren ihre Dominanzbestrebungen
Bald hören sie sich an wie zwei
Silberrücken

Sich
Nicht fürchten
Weil andere
Sich fürchten

Intuitive Erkenntnis
Subjekt und Objekt
Wissendem und Gewußtem
Eins

Wann werden wir
Die Worte
Vergessen haben werden
Um miteinander
Zu sprechen

Lehren
Ohne Worte

Spontane Vereinigung von
Subjekt und Objekt
Des Wissenden
Und Gewußtem

Wir wissen nicht mehr, wen wir achten und
respektieren sollen und wen nicht. In dieser Hinsicht
sind wir gegeneinander Barbaren geworden.

Denn von Natur sind alle gleich, ob Barbaren oder
Griechen. Das folgt aus dem, was von Natur aus für
alle Menschen notwendig ist. Wir atmen alle durch
Mund und Nase, und wir essen alle mit den Händen.

(Antiphon, Von der Wahrheit. 5. Jahrhundert v. Chr.)

Im Untergang

Die Welt zu retten

Ist nicht schwer

Studiere die Kunst des Banyumasan-Pferdes

Der normale

Zustand

Ist die Turbulenz

Bäume haben einen anderen Rhythmus

LF Diary

Inspiriert von Daido Moriyama und Sergio Larrain
sowie Vilém Flussers Philosophie der Fotografie und
den Theorien der Situationisten, erforscht Sascha
Büttner die urbane wie nicht-urbane Landschaft.

LF Diary ist ein fortdauerndes Projekt, das sich über
eine Reihe von Formaten erstreckt. Vom klassischen
Fotoblog über die Präsentation in der LFI Gallery,
monatlichen Newslettern, Fotostreifzügen,
Fotocoachings und Erzählgemeinschaften, auf
Instagram und im Buchformat.

Ich hoffe, ich konnte ihre Neugier wecken.

Hochachtungsvoll

Sascha Büttner

Alle Dinge sind zusammen in Aktion

Doch ich schaue ihre Nichtaktion

Die Dinge sind stets in Bewegung

Ruhelos

und doch kehrt ein jedes zurück in seinen Ursprung

Zum Ursprung zurückkehren

Das ist Stille

Stille heißt Für-sich-sein

Für-sich-sein ist das sich ewig wandelnde
Unveränderliche

Das sich ewig wandelnde Unveränderliche zu verstehen
heißt

Zu fotografieren

Der Charakter von Sascha Büttner wurde von den
Dudes hoch geschätzt

Und man beschrieb ihn als einen Mann

Dessen Gefühle «frei und ungezwungen wie ein
frischer Wind und das helle Mondlicht im unbewölkten
Himmel» seien

Ich widme mich

Schon seit längerer Zeit

Nur noch der Stille

Sich unbezahlte Gedanken leisten

Von Intelligenzen
Jenseits der eigenen
Lernen

Die mehr als menschliche Welt

Heute
In der Früh
Von Gleis Vier
Zu Gleis Drei
Zu Gleis Eins
Dirigiert worden
Ich habe dann den
Zug auf Gleis Zwei
Genommen

Wasser vergisst nicht

Peacemaker – Friedensstifter

Ödland

Die ewige Litanei von Weltuntergangsprophezeiungen

Das Gift der Verzweiflung
Das die Seelen zersetzt
Zur Wut gedeiht
Gier
Und fortdauernder
Raserei

Zur Heilung der Welt
Brauchen wir nicht mehr Daten
Sondern Weisheit

Selbstpositionierung auf Instagramkacheln

Gleichmut
Ist gleichbleibende
Sanftmut
Allem mit gleichem
Sanftmut
Zu begegnen
So erlangen wir den Wandel
Zu einer non-binären
Gesellschaft

Wo bin ich?
Über-Orientierung im Neoliberalismus
Newsletter #42

Unheilvoll husten

Meist atme ich
In der mir eingebildeten Welt
Eingebildete Luft

Viele meinten
Das mit meiner Anwesenheit
Die Luft dünner würde
Dabei atme ich zumeist
Eine andere
Vielleicht
Eine weniger dicke Luft
Als die Vielen
Die etwas meinen

Die Zeit verschlingen

Tag für Tag für Tag

Es ist die perfide Grundlogik
Des Neoliberalismus
Die Freiheit auszubeuten
Statt zu unterdrücken

Immer
365 Beobachtungen für Immer

Die Rückseite von
Selfies
Sind Wunden
Die bluten

Im Taijiquan
Wie im Qigong
Optimieren wir nicht
Uns
Nicht unseren Körper
Nicht unsere Abläufe
Im Gegenteil
Wir kommen wieder
In unserem Körper an
Wir spüren unseren Körper
Die Energie
Und die Verbundenheit
Mit Raum
Und Zeit

Orientierung Navigation Karte Kompass innerer
Kompass Werte Intuition

Die Orientierung
Der
Tiere

Beruhigung
In der Verwirrung
Verwirklichung
Durch Chaos

Beim Wohnen
Schätzt man den geeigneten Platz
Am Geist
Schätzt man die Tiefe
Am Freund
Schätzt man die Freundlichkeit
An Worten
Schätzt man die Ehrlichkeit
An der Regierung
Schätzt man die Ordnung
Bei Geschäften
Schätzt man die Fähigkeit
Am Handeln
Schätzt man die Zeitgerechtheit

Sich zu verirren ist eine Kunstform
Verirren ist eine Kunstform
Sich zu verlaufen ist eine Kunstform

Verloren gehen

Die Zukunft ist nicht digital
Das digitale Zeitalter löst alle Probleme? Von wegen!

Jedes Fragen
ist ein
Suchen

Fragen ist
erkennendes
Suchen
Im Gefragten
liegt
das Erfragte

Wie nun könnte man
Sollte man
Die Notizen
Lesen
Verstehen
Deuten

Es bietet sich an
Den Absätzen zu lauschen
Und die Chronologie
Die Stringenz
Des Aufeinanderfolgens
Nicht zwanghaft
Zu befolgen

Erst wenn wir
Die Worte
So lesen
Wie sie uns in den
Sinn kommen
Auch Weglassungen haben einen Sinn
Gestaltet sich Sinn

So können
So gesehen
So gelesen
Die Worte
Aufgereiht
Poesie
Sein
Sogar
Gedicht
Sein

Am
Seienden
Ist das
Erkennen
Nicht anzutreffen

Zur Hölle
Zur Hölle
Noch bleibe ich ruhig

Grabtücher werden zu
Windeln
Werden zu Grabtüchern

Gewohnheiten zu pflegen
Ist so unsinnig
Wie einen Schnupfen
Zu pflegen

Begriffe
Nicht Leitbegriffe

VW entlässt die arbeitende Klasse

Antiautoritäre Erziehung lässt sich anderen nicht antun

Smarte
Spiegel
An Selfie-Sticks

Die Katastrophe ist
Dass es so
Weiter geht

Das Erkranken
Verweigern
Gammeln
Verunfallen
Als Technik
Erkennen

Wegweiser zum Proletariat:
Immer der Verwertbarkeit nach!

Burn-out

Als Streik

Verstehen

Als Streik des

Inneren

Arbeiters

Gegen die

Ich-AG

Einfach

Nicht

Sein Bestes

Selbst

Wollen

Buddha sieht rot
Notizen einer Katastrophe

Stundengang

Die
Gelassenheit
Zu den
Dingen

Es gibt nichts
Analogeres
Als
In aller Ruhe
Steine
Zu betrachten

Kultur
Ist eine Sammlung
Von Geschichten
Die Menschen
Gruppen
Völker
Über sich selbst
Und den Sinn
Erzählen
Mit dem sie
Ihr Dasein
Füllen

Ich
Soll
Freundlich
Sein
Zur
KI
Sagt
Der
Kollege

Der Schlaf
Zwingt
Zur Sammlung
Ohne
Gewalt anzuwenden

Sobald wir das
Worauf wir warten
Uns vorstellen
Und so zum Stehen bringen
Warten wir nicht mehr

Wann haben wir
Aufgehört
Die Erde
Als einen Ort
Voller Weisheiten
Zu begreifen

Schnittmuster des Menschseins
Newsletter

Die Gegenwart des Künstlers im Werk ist die einzig
echte

Für das Kind Im Menschen
Bleibt die Nacht
Die Näherin
Der Sterne

Denkwege

Manchmal sitze ich. In meinem Sessel oder im Zug. Wo ich sitze, spielt eigentlich keine Rolle. Es ist das Denken, das zählt. Gedanken überkommen mich, überraschen, betrüben mich, wenn ich den Weltenlauf betrachte, dargestellt und aufgeführt durch Medien, Nachrichten, Streams und Gespräche. Ich höre den Menschen zu, ich höre, wie es in mir widerhallt, ich höre Freunde, die zu Geostrategen werden und über Russland, Putin, China oder Trump sprechen. Sie stehen geistig der Ukraine bei, bereit, dem Ukrainer die Waffe zu reichen, damit er in die Schlacht zieht. Man würde es doch auch fürs eigene Land tun. Für Europa. Für die Freiheit. Mich überfällt Traurigkeit, tiefe Traurigkeit, wenn ich daran denke, wie Menschen sich an der Kriegstauglichkeit erfreuen, jubeln und ein starkes Deutschland fordern, statt sich auf Frieden zu besinnen. Freunde handeln jetzt anders als damals, als wir den Wehrdienst verweigerten. Sie starren mich entgeistert an, wenn ich sage, ich war zu feige, den Kriegsdienst total zu verweigern, weil ich lieber Opportunist als konsequenter Friedensstifter sein wollte. Heute weiß ich, ich würde anders handeln und lasse es die Freunde wissen: Ich nehme keine Waffe in die Hand für Staatenlenker, Kapitalisten, Nationalisten, nicht für Ideen, die Tod und Unterdrückung bedeuten. Nein, sage ich zu den Freunden, es muss Schluss sein mit Töten, Ausbeuten, Ausschlachten und Vernichten.

Vom Deutschen, diesem grotesken, fratzenhaften Gespenst, ging nur Ungutes aus. Und nein, sage ich zu den Freunden, es reicht nicht, dass es uns heute in unserem abgeschotteten Land gut geht, weil es auf Ausgrenzung, Tod und Verderben aufbaut, wie schon seit ewigen Zeiten. Wir sind verpflichtet, Frieden zu stiften. Wir müssen dorthin, wo Krieg, Verwüstung und Unrecht geschehen. Krieg, Ausbeutung und Vernichtung geschieht nicht einfach so; es sind Ideen, die Menschen ausführen, Bruder Massenmörder und Schwester Vergasung. Ich bitte die Freunde, ihre Denkhorizonte zu verlassen und die Fesseln des kolonialistischen Denkens abzustreifen, Peacemaker zu werden und zu lernen, wie Konflikte gelöst und Frieden gestiftet wird, ganz im Kleinen, im Innersten eines jeden selbst, tief im Herzen. Damit der Samen sprießen kann, in der Gemeinschaft aufgeht und durch uns in die Welt getragen wird, Heilung möglich wird, zu den Völkern, den Menschen, der Natur und Mutter Erde.

Über den Autor

Seit mehr als 25 Jahren übt Sascha Büttner die Profession des Coaches sowie des Trainers in der Arbeitswelt aus, ist Taijiquan und Qigong Praktizierender und meditiert seit seinem vierzehnten Lebensjahr. Zudem betätigt er sich als Fotograf, Herausgeber und Autor.

Sascha Büttner gründete und betreibt das *metalabor*, einen der kleinsten Think Tanks im deutschsprachigen Raum.

GROB Magazin

Das Magazin als Buch widmet sich der Leichtigkeit in Text und Fotografie.

Bisher erschienen

GROB #001 - Über die Nonchalance des Moments
GROB #002 - Schnittkontinuum – 36 Kata von Ischgl
GROB #003 - Digital Trash Punk
GROB #004 - Was bleibt
GROB #005 - Kleines Webcam-Brevier
GROB #006 - Geisterbilder | Geistertexte
GROB #007 - Deutscher Realismus
GROB #008 - Limburg Diaries

http://www.grob-magazin.org
GROB International - Internet-Fotografie
GROB International - Aviation

GROB Fotoessay

Nr. 1: Ordnung
Nr. 2: Stille
Nr. 3: Dickicht
Nr. 4: Versuch über den Winter
Nr. 5: Commuting | Pendeln
Nr. 6: Große Ebene
Nr. 7: Versuch über das Vergehen der Zeit
Nr. 8: Versuch über das Private

GROB Buch

Borderline – Strategien und Taktiken für Kunst und soziale Praxis (Kongress Reader)

Trashpavilion – Produktion und Selbstorganisation im künstlerischen Milieu – Ein Selbstversuch

Wiesbadener Raum

Coaching – Notizen. Gespräche . Reflexionen

metalabor vier – Reader

Radical Dude Society

Rapporte

Anweisungen für den Coach

Sammlungen des Selbst

Coaching – Aufzeichnungen . Notizen . Tagträume

Das Zeitalter der Ziege

Bilder aus Erinnerung (2. Auflage)

metalabor sieben – Reader

Orientierungshilfen

Notizbücher – 2022 - 2023

Wiesbadener Raum – Über die zehntausend Angelegenheiten und die zehntausend Dinge in Raum und Zeit

Der Zeit wieder zur Dauer verhelfen – Meditationen zur Kontemplation und zum Verweilen.

GROB Zine

Magazin für Alles – eins
Magazin für Alles – zwei